SAVOIR ET FAIRE

TERRASSES ET JARDINS

massin

TERRASSES
ET JARDINS

Sommaire

LES ALLÉES ET LES CHEMINS

Prétextes à balades ou tracés d'accès à la maison, les allées et les chemins qui sillonnent le terrain s'y dessinent comme des signes de bienvenue. De multiples matériaux peuvent être choisis. Toutefois, vous les choisirez en fonction de l'usage, du style de la maison... Allée carrossable, sentier fleuri ou tracé gazonné, simplement délimité par des bordures, n'impliquent pas la même nature de travaux.

Du châtaignier tressé sur des piquets fichés en terre borde cette allée de verdure qui sillonne entre des massifs. Prieuré Notre-Dame d'Orsan.

allées buissonières

De justes proportions. On peut se référer à quelques notions de base pour décider d'une largeur. L'allée carrossable est idéalement de 3 mètres, mais dans un petit jardin, elle est praticable et, surtout, mieux proportionnée en 2,50 m de large. Le jardin peut parfois nécessiter une allée que vous emprunterez pour accéder au potager, ou pour acheminer un engin, voire une simple brouette chargée, qui épargnera la pelouse. Entre 1 m et 1,50 m, c'est suffisant. Pour les chemins ou les sentiers livrés à la flânerie, 0,60 m de largeur convient. Il résulte de ces tracés étroits un charme tout autre.

2

Des matériaux durables. Si vous souhaitez créer une allée carrossable dégagée, préférez un matériau dur tel que la pierre naturelle ou reconstituée sous forme de dalles ou de pavés, qui se fabriquent en version vieillie, ne laissant pas deviner qu'il s'agit de béton. La brique peut aussi être choisie. Une allée carrossable qui se confond avec la pelouse est à privilégier dans un jardin de dimensions moyennes pour préserver une surface verdoyante agréable à l'œil et à la pratique. Il existe différents systèmes : dalles alvéolées en matériau de synthèse à ensemencer, plots de béton, pavés espacés...
L'allée principale exige un revêtement dur sur lequel on peut rouler avec du matériel léger. Briques, dalles ou pavés acceptent, dans ce cas, une pose sur sable, contrairement aux allées carrossables, dont le revêtement doit être scellé sur une dalle de béton. Le bois est le matériau idéal des sentiers. Sous forme de caillebotis, ou de planches, il vous demandera un peu d'entretien. Les chemins pavés ont toujours du charme.

Les bordures tous styles. La tendance des jardins à l'ancienne privilégie les éléments de bordures en bois tressé. Il suffit de les ficher en terre pour souligner un passage entre des massifs. Rien de plus facile, mais il faut y mettre le prix, d'autant que ces bordures de charme manquent de résistance et se détériorent en quelques années. Celles en béton sont inusables. En demi-rondins de bois traités à cœur, elles s'articulent sans restriction et épousent les courbes en souplesse.

3

1. La terre cuite patinée par le temps souligne cette allée ombragée par une pergola. Les briques sont collées sur une dalle de béton armé.
2. Ces vieux pavés irréguliers créent une allée à l'ancienne. Scellés sur un lit de mortier, ils sont jointoyés avec un mélange de ciment et de sable.
3. La pierre naturelle définit les allées piétonnes. Les dalles en deux formats rectangulaires créent un rythme particulier.

les tracés de verdure

Les bordures soulignent des allées verdoyantes qui cheminent entre les massifs de fleurs. Une formule facile et romantique. Selon le modèle, les systèmes d'installation diffèrent, du simple « piqué » en terre jusqu'à la pose scellée dans une tranchée.

Les bordures à piquer. Elles sont constituées d'osiers, de sarments de vigne, ou de brandes tressées, montées sur une armature métallique. Certaines parties de l'armature dépassent de la base et s'enfoncent en terre. Dans le même esprit, on peut composer des bordures en feuillards de châtaignier, tressés sur des piquets de bois. Ces décors romantiques et naturels sont toutefois déconseillés dans les régions particulièrement humides, car ils sont relativement fragiles. Les éléments en fonte qui reproduisent des modèles anciens, ornés de volutes ou d'entrelacs, sont plus durables et souvent meilleur marché. Enfin, les demi-rondins en bois solidarisés par des fils métalliques s'installent entre des piquets, fichés en terre et distants de 1,50 m. Ils se présentent en rouleau de 2,50 m environ et s'articulent aisément.

1

Les bordures à enfouir. Vous en trouverez en terre cuite, sous forme de blocs emboîtables (une extrémité est bombée, l'autre est en creux) qui s'articulent pour épouser les contours arrondis ou sinueux des allées. Les éléments s'enfoncent dans une tranchée sur une dizaine de centimètres de profondeur et tiennent d'eux-mêmes. D'autres modèles sont proposés en béton creux à remplir de terre et de plantations. Il est conseillé de les enfouir sur tiers de leur hauteur, dans une tranchée de 20 cm de largeur au fond de laquelle on étend un lit de sable.

Les bordures à sceller. La pose scellée concerne les bordures en béton plein ou en matériau reconstitué. On creuse une tranchée de 15 cm de large et de 8 à 15 cm de profondeur, au fond, on étend un lit de mortier de 3 cm environ. Les éléments de bordure, placés bord à bord dans la tranchée, doivent être calés de part et d'autre par un épaulement de béton maigre. De la terre comble les vides.

1. Les rondins solidarisés par des fils métalliques galvanisés forment une bordure sinueuse. Pour retenir la terre des massifs, ils sont enfoncés en terre sur une demi-longueur.
2. Bien que rustiques, avec leurs rameaux de châtaignier tressés sur des piquets en bois, ces bordures révèlent un charme incomparable en dessinant une allée de verdure animée de décrochés. Prieuré Notre-Dame d'Orsan.

2

1

les galets et les pavés

S'ils nous invitent à les emprunter pour leur charme évident, les chemins pavés ou revêtus de galets révèlent un léger inconfort dû à l'irrégularité de leur surface. Choisis pour le plaisir des yeux, ils renouent avec les temps anciens. On s'y déplace à pas lents, entre massifs et bosquets.

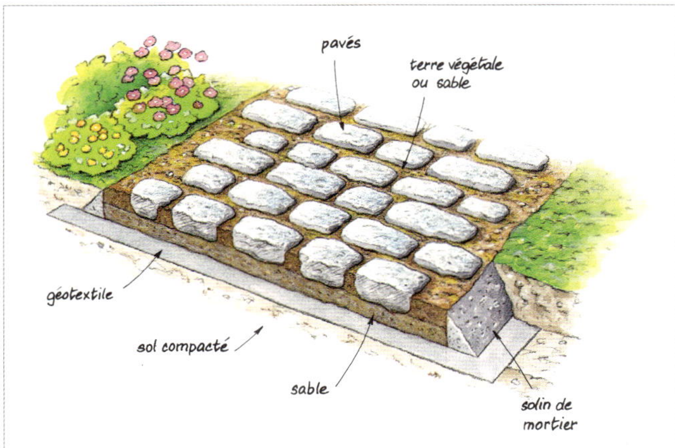

Les galets nature. Issus du littoral, des rivières ou de carrières, les galets se vendent en sacs ou à la tonne. Selon leur origine, coloris et calibre sont variables. Ils se posent serrés sur un lit de sable, sans colle ni ciment, ce qui implique de concevoir des calages en bordure. Du sable remplit les joints pour adoucir les reliefs. Les galets en matériau reconstitué réunis sous forme de dalles de 10 cm d'épaisseur (33 cm x 50 cm) se collent sur chape ou se posent sur lit de sable. Les joints se remplissent de sable ou de terreau ensemencé (Fabemi). Une autre possibilité consiste à enfoncer des galets individuellement à mi-hauteur dans un lit de mortier bâtard de 3 cm d'épaisseur. Appelée « caladage », cette technique provençale est chère à mettre en œuvre.

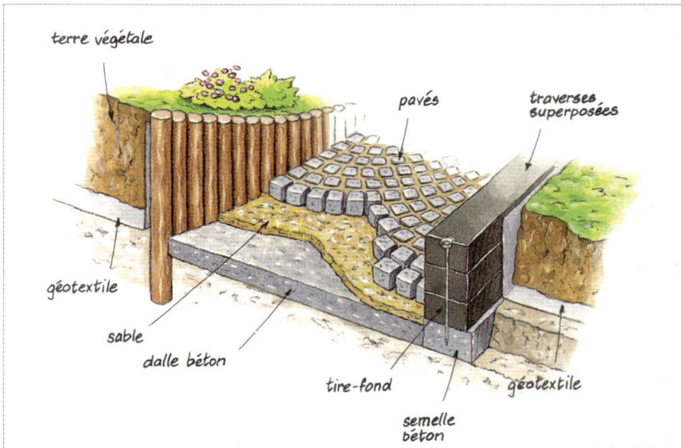

Les pavés rétro. On les pose sur un lit de sable de 2 à 5 cm d'épaisseur, non sans intercaler un géotextile entre celui-ci et la terre pour contrer la végétation. De chaque côté, on réalise un solin de mortier qui retient pavés et sable. De la terre végétale ou du sable comble les joints. Le système est différent si l'on met en œuvre des pavés de petit calibre, en pierre naturelle ou en matériau reconstitué. Une dalle de béton armé de 8 à 10 cm crée une assise stable sur laquelle on étend un lit de sable de 3 cm. Les pavés posés dessus sont jointoyés, soit avec du sable, soit avec un mortier bâtard. Dans les deux cas, des bordures fixes servent de calage.

1. Le caladage est une tradition provençale. Les galets irréguliers animent les allées, mais ne contribuent pas au confort de la marche.

2. Composée avec des pavés de récupération, cette allée piétonne est stabilisée latéralement par des solins de mortier.

3. Disposés en rosace, les petits pavés (10 cm x 10 cm) sont calés sur un lit de sable étalé sur une dalle de béton armé. Traverses de chemin de fer d'un côté et rondins de l'autre créent des bordures stables.

les sentiers en bois

La durabilité du bois est liée à l'essence ou au traitement qu'on lui a fait subir pour le rendre imputrescible. Strié en surface, il est peu glissant. Le bois réintègre la nature, sous la forme de caillebotis ou de planches. Son contact direct avec l'humidité du sol est déconseillé, même s'il est traité à cœur ou s'il est d'une essence imputrescible.

Des essences triées. Les bois d'importation fréquemment mis en œuvre opposent une résistance naturelle à l'humidité et aux insectes. Vous avez le choix entre de l'ipé, de l'iroko, du padouk ou du teck, sans oublier l'azobé, le doussié ou le jatoba... Plus classique, le pin traité à cœur en autoclave (classe IV) peut être garanti de dix à vingt ans, voire davantage.

Une pose surélevée. Vous trouverez ces bois destinés aux sols extérieurs sous forme de dalles caillebotis ou de planches rainurées en surface pour réduire la glissance. La mise en œuvre s'effectue sur un terrain stable dont on a retiré la couche végétale. Un géotextile, étendu sur la surface de l'ouvrage pour contrer la végétation, est ensuite recouvert de graviers, qui favorisent le drainage. Des supports répartis surélèvent le revêtement. Il s'agit de lambourdes de même essence directement posées sur des plots de béton. La fixation s'effectue avec des vis en acier bichromaté, ou de l'inox imposé par certaines essences.

1. Vissées dans des poutres surélevées par des plots de béton, les dalles forment une passerelle au-dessus du ruisseau et se prolongent à travers le jardin.

2. Les caillebotis laissent toute liberté de calepinage. Posées en sens alterné, les dalles de grand format (60 cm x 60 cm) sont décalées.

3. Jeux de niveaux et de sens pour ce chemin en bois composé de planches. Elles sont vissées sur des supports transversaux en pin traité classe IV.

les allées carrossables

Valorisées par le revêtement de surface ou confondues avec la pelouse, elles nécessitent des fondations pour supporter de lourdes charges à répétition. Une largeur de 3 mètres est courante pour une allée carrossable. Son tracé se fait en fonction de l'emplacement du garage, pour éviter les manœuvres.

Les allées engazonnées. C'est une solution à adopter lorsque l'allée prend trop d'importance dans le jardin. Sans passer inaperçue, elle est toutefois discrètement confondue avec la verdure environnante. Sur un terrain préparé et stable, des pavés peuvent être collés sur une dalle de béton ; les joints larges se remplissent de terreau ensemencé. Des dalles en matériau de synthèse ou en béton dessinant des alvéoles à remplir de terre sont destinées à cet usage.

Les revêtements durs. Le soin apporté au choix du revêtement est majeur, car une allée carrossable saute aux yeux, du portail jusqu'au garage placé sous la maison ou construit en annexe. Sur 3 mètres de largeur, la surface gagne à s'animer d'un calepinage décoratif qui peut mettre en scène des matériaux associés : dalles et galets, dalles et pavés, briques et pierres... ou encore des dalles posées en opus romain, voire des pavés dessinant des volutes, courbes et autres dessins. La pierre reconstituée ou naturelle, les briques ou pavés de terre cuite sont autant de matériaux suffisamment solides à l'usage d'une allée carrossable si la mise en œuvre est correctement effectuée. Les dalles, de 3,5 cm d'épaisseur au minimum, devront être scellées sur une chape et jointoyées au mortier (mélange de sable et de ciment).

Sur des fondations solides. Le terrain doit être creusé entre deux cordeaux. Au fond, on dépose une couche de 10 cm d'épaisseur en concassé damé composé de briques, de parpaings ou de pierres. Au-dessus, on coule une dalle en béton armé de 10 à 12 cm. Après séchage (3 semaines environ), une chape tirée à la règle permet de sceller au mortier les dalles à jointoyer. Les pavés en béton ou les briques de 6 mm d'épaisseur au minimum peuvent être posés sur un lit de sable de 5 cm d'épaisseur, compacté sur 10 cm de tout-venant damé. Les joints se remplissent d'un sable polymère, qui est beaucoup plus résistant qu'un sable ordinaire. Des bordures maçonnées sont nécessaires pour bloquer l'ensemble.

1

2

3

1. Le long de la maison, l'allée révèle un décor soigné. Elle associe des dalles de 50 cm x 50 cm en pierre de Pondres et des pierres irrégulières de Viens posées sur chant.

2. Les pavés engazonnés tracent l'allée jusqu'au garage, et se confondent avec la végétation.

3. D'une épaisseur de 6 cm, les pavés sont posés sur sable. En béton vieilli, nuancés et irréguliers, ils imitent les vrais pavés d'autrefois.

LES TERRASSES

Trait d'union entre la maison et le jardin, la terrasse se doit d'offrir accueil et confort en s'accordant à l'environnement. Une terrasse est l'aboutissement de choix multiples et combinés qui doivent satisfaire de nombreuses exigences. L'emplacement, la forme, la surface comptent autant que les matériaux, les accès, le décor, l'ambiance, la protection solaire... La surface est fonction de l'usage : une terrasse, pour quoi faire ? Si vous souhaitez créer un nouvel espace vital, voyez grand. Autour d'une table de repas, il faut ménager des passages, prévoir un coin où prendre l'apéritif, un autre pour faire salon... C'est tellement plus simple d'y penser dès le départ que d'envisager un agrandissement. Tenez compte des possibilités d'accès à la cuisine et au séjour pour que la terrasse soit un prolongement naturel de ces pièces.

Une treille touffue enrobe la table d'ombre et forme un écran de verdure latéral qui rend la terrasse plus intime.

1

2

des matériaux tout style

Le revêtement de sol. Pierre, terre cuite et bois vous offrent un choix de couleurs et de formats permettant de nombreuses options. La pierre de carrière multiplie les apparences : dalles rectangulaires posées en opus romain, dalles au contour irrégulier, appareillées en opus incertum. La pierre, c'est aussi des pavés de récupération ou des pavés industriels... Pierre calcaire, granit, grès... On a toujours avantage à choisir une pierre de la région, à condition toutefois qu'elle soit ingélive. La pierre reconstituée ressemble parfois à de la vraie pierre, mais ce n'est pas toujours le cas. On trouve de tout dans cette catégorie, de très beaux éléments reproduisant des empreintes naturelles et vieillis en usine, ou des dalles strictes et planes, toutes identiques. Les comparaisons s'imposent avant d'investir. Le bois, selon l'essence et le mode de pose, offre des aspects très divers. Il est prisé pour la douceur de son contact et son origine naturelle, qui en font un matériau passe-partout. Une terrasse en bois doit être désolidarisée du sol, sans contact direct avec l'humidité. La terre cuite autorise des calepinages inventifs du fait des formats disponibles et des cabochons émaillés ou autres accessoires que l'on peut intégrer.

L'ombre est nécessaire. Si la protection solaire est majeure, elle n'est pas obligatoirement synonyme de store, bien que celui-ci ait des avantages. Parmi les autres possibilités, pensez aux systèmes fixes : pergolas fleuries, canisses chapeautant une structure métallique romantique, treille...

L'intimité conviviale. Pour s'isoler des regards indiscrets, des panneaux écrans jouent un rôle séparatif et respectent la nature. En bois, sous forme de claustras ou de treillages, ils séparent avec élégance et peuvent devenir des écrans végétaux fleuris de grimpantes parfumées.

1. Revêtue de pierre naturelle posée en opus incertum, la terrasse est agrémentée d'un store qui crée une zone d'ombre à l'heure des repas.
2. En matériau reconstitué, les dalles imitent le bois sous forme de caillebotis de 50 cm x 50 cm. Elles sont munies d'ergots espaceurs qui facilitent la pose sur sable ou par scellement.
3. Les dalles caillebotis en red cedar sont vissées sur une structure porteuse qui les place à distance du sol. Les deux niveaux se relient par des marches de même essence.

3

1

les sols en bois

Pour un usage extérieur, la qualité du bois et son aptitude à résister à l'humidité sont majeures. Caillebotis et planches rivalisent en décoration. Les choix se portent sur des bois exotiques réputés durables et ne nécessitant pas de traitement, et sur des résineux traités en autoclave, répondant à la classe IV (sur une échelle de classement des risques biologiques, qui vont de I à V).

Les caillebotis. Ils se présentent en dalles carrées, de 40 à 100 cm de côté, composées de lames espacées régulièrement et vissées sur des traverses. Pleins de ressources, les caillebotis ouvrent la voie à la liberté d'expression. Ils s'associent aisément à d'autres éléments (planches, dalles de pierre, galets…). La pose sur sable est rapide. La terrasse doit être ceinturée d'une semelle en béton ancrée dans une fouille afin que les dalles soient bloquées. Sur le sol nivelé et stabilisé par un tout-venant tassé, on étend un géotextile pour contrer la végétation avant de répartir les caillebotis. Une solution plus judicieuse consiste à fixer des lambourdes sur des plots de béton déposés sur le géotextile pour y visser les dalles qui, de cette manière, ne sont pas au contact du sol. Autre solution pratique : les plots réglables, qui permettent de positionner les lambourdes sur un plan parfaitement horizontal lorsque le sol présente un dénivelé.

Les planches. L'aspect final est semblable à celui d'un parquet d'intérieur si l'on met en œuvre des planches en décalant les joints d'une rangée sur l'autre, avec toutefois une différence lorsque la pose est à claire-voie (espace maximal 5 mm). Les planches se fixent sur une structure autoportante composée d'un solivage calé sur des plots de béton ancrés au sol. L'écart entre les solives (si possible de même essence que le plancher) est fonction de la nature et de l'épaisseur des lames. Pour une fixation par vissage avec des vis inoxydables, les lames sont obligatoirement prépercées en deux points à chaque bout. Les systèmes de fixation invisible se diversifient. Les lames comprennent une rainure sur chant et s'assemblent par des clips qui s'y insèrent. Ces accessoires sont, bien entendu, vissés sur les solives.

1. Vissées sur une structure autoportante, les planches en pin des Landes, traitées en autoclave, sont disposées à claire-voie. Les bords arrondis adoucissent le contact.

2. Ce plancher est composé de modules en bois exotique de différents formats et d'un solivage fixé dans la dalle de béton. En périphérie, ils sont vissés de côté dans les solives ; les autres modules sont flottants.

la pierre reconstituée

Elle décline les tons de la pierre, du blanc aux ocres, sans oublier les roses, ce qui permet de l'intégrer à l'environnement et de respecter le style régional. Les dalles classiques imitant la pierre peuvent être choisies rectangulaires ou carrées en format unique, ou par packs de formats combinés, qui sont livrés accompagnés de suggestions de calepinage.

Les aspects de surface. Le relief est obtenu par l'empreinte des moules dans lesquels on fabrique les dalles. Il est important de se renseigner sur le nombre de moules employés pour éviter les répétitions rapprochées. D'autres fabrications valorisent les effets veinés, bouchardés, sciés, ardoisés, ou coquillés, qui créent des sols plus uniformes. En matériau reconstitué, vous trouverez également des planches imitant les vieux bois (Modulo Bois), des traverses façon chemin de fer (Bradstone), des dalles caillebotis (Stradal, Pierdor, Caraterra...) ou des reproductions de bambou (Novadal Privat...) qui surprennent par leur ressemblance avec ces matériaux. Bien qu'elle soit teintée dans la masse, la pierre reconstituée n'est pas inerte, des phénomènes naturels d'évolution peuvent modifier les coloris. La coloration évite l'éblouissement, inévitable avec les sols blancs.

Quatre modes de pose. La méthode idéale est la pose au mortier-colle, par double encollage sur une dalle de béton armé d'un treillis soudé de 10 cm d'épaisseur. Tout en réduisant très sensiblement les remontées de ciment, qui proviennent de la dalle et sont responsables d'efflorescences à la surface, cette technique permet de corriger les irrégularités de surface. Le collage en plots crée des vides entre dalles et support. Il expose le dallage aux attaques du gel si le terrain est mal drainé, car l'eau risque de stagner dessous.
La pose scellée est plus économique. Elle s'effectue sur une chape maigre (5 volumes de sable de rivière + 1 volume de ciment C.P.A.). Les efflorescences qui remontent en surface nécessitent un décapage. Enfin, la pose sur sable, même sur un terrain très bien préparé, n'offre pas de garanties équivalentes de stabilité dans le temps.

Le traitement des joints. Poses scellées et collées nécessitent des joints au mortier, dans lequel on peut ajouter du sable, afin d'obtenir un aspect rustique qui s'accentue sous une finition brossée. Les dalles à coller imitant le bambou ou les caillebotis de bois ont des chants profilés qui autorisent un remplissage des joints au sable (granulométrie 0,2 à 0,4). Pour les pavés épais collés, il est possible de réaliser un fond de joint avec du mortier et d'achever le remplissage au sable.

1. L'aspect de surface évoque la pierre sciée. Les deux formats réunis composent un sol à la fois original et contemporain.
2. Façon bambou, ces dalles de 50 cm x 50 cm, en 4 coloris au choix, se posent par double encollage. Les joints peuvent être remplis de sable.
3. Une imitation réussie de dalles anciennes, dont les joints en retrait et brossés valorisent l'irrégularité des contours.

3

une pose scellée

Pour réaliser une terrasse facile à vivre et belle à regarder, des dalles de formats variés, mises en œuvre de manière traditionnelle, affleurent la pelouse environnante. À la place de la terre végétale éliminée sur environ 25 cm, une dalle de béton armé de 15 cm est coulée puis recouverte d'une chape maigre. Les dalles en pierre reconstituée qui sont scellées dessus s'ajustent à fleur de terrain.

1. La terre végétale étant retirée, les planches huilées du coffrage sont mises en place autour des limites définies de la dalle et ajustées d'équerre.

2. La pente nécessaire à l'écoulement des eaux de pluie est orientée vers l'opposé du bâtiment. Elle s'ajuste avec un niveau placé sur les planches.

3. Au fond de la fouille, les panneaux de treillis soudé sont répartis et ligaturés entre eux. Les bords se chevauchent sur l'équivalent d'une maille.

4. Le béton est coulé entre les planches calées contre des piquets. On le tire à la règle, dans un sens puis dans l'autre, pour l'égaliser à fleur de coffrage.

5. Les dalles de formats multiples créent un trait d'union entre la maison et le jardin. Elles sont scellées sur une chape et jointoyées à l'ancienne. Dalles « Manoir », Bradstone.

5

6

7

8

9

10

11

12

13

14

une pose scellée (suite)

L'assise en béton. Au fond de la fouille, on dépose les panneaux de treillis soudés. Ils se chevauchent sur l'équivalent d'une maille et sont ligaturés entre eux. En périphérie, le treillis est placé à 2 cm en retrait des bords, précaution indispensable pour éviter les remontées d'humidité dans la ferraille. Composé de graviers (de 5 à 15 mm), de sable de rivière (de 0 à 5 mm), de ciment et d'eau, le béton est coulé dans les limites d'un coffrage composé de planches huilées. D'une épaisseur de 27 mm, celles-ci sont ajustées à la hauteur de la dalle, en fonction de la pente (2,5 cm/m). Elles prennent appui contre des piquets en bois ou des fers à béton répartis autour du coffrage pour qu'il résiste à la pression du béton. Il convient d'attendre 24 heures avant de marcher sur la dalle et au moins une semaine avant de sceller les dalles.

Chape et scellement. La chape se prépare en mélangeant 2 sacs de 25 kg de ciment, 21 seaux de sable sec et 25 litres d'eau. On l'étale sur la dalle entre deux règles métalliques, sur 3 à 5 cm d'épaisseur puis, en tirant une règle transversale aux deux autres, on l'étale vers soi pour l'égaliser. Au fur et à mesure de l'avancement, on scelle les dalles en les tapotant avec un maillet. Elles tiennent par leur propre poids. Les joints de 1 à 2 cm de large se remplissent 48 heures après (délai minimal) avec un mortier prédosé qui, utilisé mi-sec, est choisi dans un ton concordant. La granulométrie du mortier proposé par le fabricant (Bradstone) prend un aspect rustique, accentué par le brossage. Le contour des dalles est valorisé par des joints en retrait.

Des formats conjugués. La formule des packs, qui réunissent plusieurs formats de dalles, offre diverses possibilités de calepinage en opus romain ou en opus bande. Les dalles mises en œuvre ici associent deux packs : l'un combine de petits et moyens formats, l'autre associe 4 formats supérieurs. Leur panachage permet diverses compositions qu'il est bon d'étudier avant de commencer le chantier. Le plus simple reste toutefois la pose aléatoire : toutes les dalles étant un multiple de 15 cm, on dispose toujours d'un élément de dimension adéquate à placer au cours de l'évolution.

6. Pour réaliser la chape, placer deux règles, espacées d'environ 2 mètres, sur un lit de mortier. Régler la pente en suivant les indications du niveau.
7. La chape se tire à la règle. On procède par travées. Celles-ci sont délimitées par les règles métalliques calées à bonne hauteur (de 3 à 5 cm).
8. Les règles, une fois retirées, laissent des vides. Ils se comblent avec du mortier égalisé à hauteur de la chape au moyen d'une taloche.
9. Les dalles combinables se posent sur la chape fraîche, selon un décalage calculé ou dans un même alignement matérialisé par un cordeau.
10. L'équerrage des dalles doit être parfaitement contrôlé. Chaque élément posé et calé est légèrement martelé au maillet en caoutchouc.
11. Le cordeau tendu sert de repère pour respecter l'alignement des dalles et la largeur des joints. On progresse en marchant sur les dalles.
12. Les formats étant des multiples de 15 cm, ils sont combinables et se posent dans le sens de la largeur ou de la longueur.
13. Pour ne pas se laisser surprendre par la prise de la chape, celle-ci n'est pas entièrement réalisée en une fois, mais au fur et à mesure.
14. Remplis de mortier à la truelle, les joints sont ensuite légèrement creusés par brossage, ce qui valorise le contour irrégulier des dalles.

pavés et pavages

Fabriqués en terre cuite ou en béton, les pavés séduisent. Riches en nuances et en coloris, ils s'incrustent volontiers dans les dallages. Les pavés en béton autobloquants ou calibrés, faussement usés, teintés, vieillis, sont d'une solidité à toute épreuve qui les mène naturellement à former des terrasses assorties aux allées de jardin, piétonnes ou carrossables. Ceux en brique défendent leur côté naturel. Leur forte personnalité doit rester compatible avec le style de l'habitation. Rappelons que le terme « pavé » désigne des blocs, sinon cubiques, du moins beaucoup plus épais que les éléments d'un pavage, appelés encore galettes.

Sur un lit de sable. Les pavés peuvent, en théorie, se poser sur un lit de sable s'ils ont une épaisseur égale ou supérieure à 3,5 cm. Toutefois, la stabilité dans le temps n'étant pas aussi sûre qu'avec une pose collée ou scellée, certains fabricants déconseillent ce système. Sur un sol de fondation porteur, compacté et revêtu d'un géotextile, un lit de sable de 3 à 4 cm d'épaisseur suffit. En revanche, sur un sol de fondation non porteur (limon argileux, argile...), il est préférable d'étendre du tout-venant compacté sur une dizaine de centimètres avant de tirer le lit de sable (de 3 à 4 cm) à la règle. Les pavés, qui se posent directement sur le sable nivelé présentent obligatoirement une pente. Ils sont espacés de 20 mm ou calés les uns contre les autres lorsqu'ils sont munis de distanceurs. Les joints se remplissent de sable polymère, stable et résistant à l'érosion causée par la pluie.

Sur une chape de ciment. Les pavés et les briques de terre cuite se posent également sur chape maigre étalée sur une dalle de béton armé. La mise en œuvre est plus lourde, mais elle garantit une tenue durable du matériau. Les joints sont alors réalisés au mortier.

1. Les briques de terre cuite offrent un calepinage animé dans cet escalier qui conduit à la terrasse, revêtue selon la même composition.
2. Déclinés en trois couleurs, ces pavés vieillis se posent sur un lit de sable. Format 10,3 cm x 10,3 cm en 4 cm d'épaisseur.
3. Le pavage en terre cuite s'enrichit d'une frise en pierre qui valorise une zone centrale protégée du soleil par une pergola.

3

la pierre naturelle

1

2

Souvent meilleur marché qu'on ne le croit, la pierre naturelle est incontournable aux yeux des puristes ! Reconnaissons qu'elle a beaucoup d'attrait. Vous la choisirez de préférence issue d'une carrière à proximité de chez vous, pour préserver l'harmonie entre le bâtiment et la terrasse. C'est aussi une garantie de compatibilité avec le climat, point particulièrement important dans les régions où le gel sévit. Pour des raisons évidentes, vous la choisirez brute de sciage ou flammée, donc non glissante.

Épaisseur et format. Qu'elle soit de 2 ou de 4 cm, l'épaisseur n'est pas synonyme de résistance. Ce qui compte, c'est le mode de pose, obligatoirement au bain de mortier sur une dalle de béton. Le scellement traditionnel garantit une parfaite tenue des éléments et les joints, comblés au mortier de chaux (5 mm de largeur environ), affleurent le dallage ou sont légèrement en retrait si la pierre vieillie présente des contours irréguliers. La composition d'un mortier de chaux s'établit comme suit : 1 seau de chaux pour 3 seaux de sable tamisé et $^1/_3$ de seau de ciment blanc. L'opus incertum associe des pierres de formes irrégulières, en particulier celles en schiste et calcaire, l'opus bande ou l'opus romain nécessitent des éléments calibrés.

Les pavés de récupération. La pierre naturelle se présente aussi sous forme de pavés de récupération en granit qui mettent en balance leur inconfort relatif et le charme d'une histoire ancienne qu'ils racontent à leur manière... Du fait de leur calibre et de leur poids élevé, la pose sur sable est tout à fait fiable, en interposant un géotextile pour contrer les remontées de végétation par les joints sablés. Toutefois, les pousses de verdure peuvent agrémenter le décor de ces sols rustiques. Dans ce cas, on ne met pas de géotextile, la nature se charge du reste.

1. De véritables pavés cubiques en granit, posés à joints larges sur sable, créent un sol rustique. La végétation anime la surface en traversant les joints.

2. Vieillies naturellement, les pierres de Saintonge sont en accord avec l'empierrement de la façade de la maison. Des décrochés structurent la surface de cette élégante terrasse.

les carreaux de grès

S'ils savent imiter la terre cuite, les carreaux de grès présentent d'autres avantages. Étanches, ingélifs, calibrés, ils existent en de nombreux formats et se posent par collage. Sur cette terrasse surélevée, découverte et se prolongeant par un escalier, les carreaux en grès étiré non émaillé, posés en diagonale, sont ceinturés d'une frise droite. Le format est déterminé par celui des carreaux du sol de la pièce qui communique avec la terrasse, soit 30 cm x 30 cm.

1. Pour tracer les diagonales, on dessine des carrés de 1 m de côté à partir du bord extérieur de la terrasse. Ces tracés s'effectuent avec une équerre.

2. Les carreaux de bordure doivent dépasser la maçonnerie pour recouvrir le chant des carreaux de rive. Leur emplacement est tracé autour de la terrasse.

3. Les carreaux de grès étant très durs, les coupes à la machine s'effectuent en plusieurs passes, sans que jamais la lame ne sorte du sillon de coupe.

4. Pour certaines coupes, comme celles des carreaux qui entourent les pieds de la balustrade, il faut faire preuve de précision, l'aspect final étant en jeu.

5. La colle gâchée dans un seau avec un malaxeur électrique lent s'utilise en double encollage. On commence par les carreaux qui forment la frise.

6

7

8

9

10

11

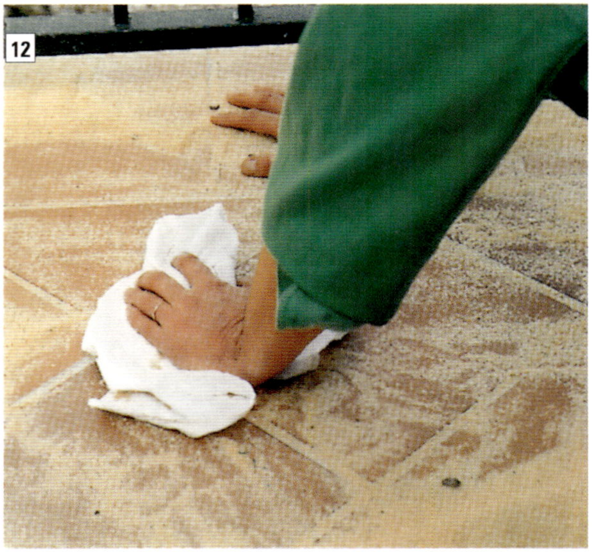
12

les carreaux de grès (suite)

L'étanchéité renforcée. La terrasse étant prévue pour recevoir un carrelage collé (épaisseur moindre qu'une pose scellée traditionnelle), le problème d'étanchéité doit être résolu. Si la dalle de béton est à peu près étanche, les jonctions avec le mur de la maison ne le sont pas. Le collage des carreaux fait appel à une colle technique (Fermagrès Pro de Weber et Broutin), les joints entre carreaux sont faits avec une barbotine additionnée d'un hydrofuge (Super Sikalite de Sika), et les joints entre la maison et le dallage sont réalisés en deux temps avec une barbotine et du mastic polyuréthane en recouvrement (Sikaflex 11 FC + de Sika).

Tout préparer d'avance. La dureté des carreaux de grès de 14 mm d'épaisseur nécessite d'employer une machine coupe-carreaux à eau qui s'utilise sur table (à louer dans un magasin spécialisé). Le collage s'effectue sur une dalle de béton propre, lavée au nettoyeur à haute pression pour éliminer mousses et autres salissures. À prévoir également, une grande règle métallique, une équerre, un cordeau à poudre, un peigne cranté pour étaler la colle et un maillet en caoutchouc.

Une finition soignée. L'aspect final devant être irréprochable, les dépôts de colle sur les carreaux devront être essuyés avant séchage, ceux de barbotine, dès le début de la prise. Ce détachage est suivi d'un nettoyage général avec de la sciure spécifique à cet usage, sans tanin, en frottant la surface au moyen d'un chiffon sec. Dans les jours qui suivent la pose, un léger voile de ciment apparaît en surface ; il s'élimine soit avec une solution d'acide chlorhydrique (10 %), soit avec un produit décapant du commerce. Le rinçage doit être soigné. Il n'est pas nécessaire de traiter le grès, l'entretien courant à l'eau et à la serpillière suffit. Toutefois, pour certaines taches, une intervention est possible : alcool à brûler pour peinture à solvant, sauce tomate, ou trichloréthylène pour les taches d'huile de table. Le grès embellit sous une patine naturelle.

6. On démarre la pose dans un angle de la frise par deux demi-carreaux. Les carreaux entiers se collent ensuite de part et d'autre du tracé en diagonale.
7. L'encollage du sol s'effectue par petites surfaces. Les carreaux encollés sur l'envers sont frappés au maillet en caoutchouc, ce qui en favorise l'adhérence.
8. Sur les rives, les carreaux recoupés en hauteur se positionnent sous le débord des éléments de la frise. Une règle bloquée en-dessous leur évite de glisser.
9. Contre le mur de la maison et devant la porte-fenêtre, on ajuste les carreaux sur ceux, de même format, collés à l'intérieur. Les joints s'alignent.
10. À l'amorce de l'escalier, les carreaux de frise dépassent le bord pour couvrir le chant des éléments qui habilleront les contremarches. Les tracés sont précis.
11. Sur l'escalier, les carreaux recoupés se collent d'abord sur les marches. Ceux des contremarches reposent dessus, à l'arrière, et se glissent sous le débord.
12. Le mortier de ciment gris additionné d'hydrofuge remplit les joints 24 heures après le collage. Les dernières traces s'éliminent avec de la sciure.
13. Les carreaux de grès brut créent des sols de terrasse faciles à vivre et à entretenir. Ils évoquent la terre cuite.

maîtriser l'ensoleillement

Gage de confort, l'ombre doit envelopper la terrasse, en tout ou partie, permettant détente ou repas sans contrainte. Hormis le store traditionnel qui se déploie à la demande, d'autres systèmes répandent une ombre dosée et contribuent à enrichir le décor ambiant.

Les treilles végétales. Les plantes grimpantes s'emparent de pergolas en bois ou en métal, ou de fils métalliques entrecroisés, pour offrir en période de floraison leur délicieux parfum et le murmure du feuillage agité par le moindre courant d'air. D'un charme enivrant, les treilles créent des abris particulièrement décoratifs, mais éphémères et qui s'animent parfois d'indésirables insectes. En période hivernale, le spectacle de rameaux dépouillés ne plaît pas à tout le monde, mais la lumière filtrante profite aux pièces intérieures !

Un toit de cannisses. L'ombre est présente toute l'année sous un toit de cannisses dont le tressage ajouré assure la ventilation de la terrasse. Les rouleaux se répartissent et se ligaturent sur une armature métallique scellée dans le mur de façade et au sol. Celle-ci existe en diverses versions standard, mais vous pouvez la faire réaliser sur mesure par un forgeron à partir d'un dessin personnel ou d'une reproduction. Les modèles anciens agrémentés de volutes et autres décors sont particulièrement gracieux. Les cannisses se fixent également sur une structure en bois, constituée de rondins traités impérativement contre les insectes et les champignons. La base des poteaux ne doit pas être au contact du sol, afin d'éviter le pourrissement du bois. Elle peut reposer sur un bloc de pierre, ou sur une structure maçonnée enduite ou habillée de briquettes.

Les tentures éphémères. Les tissus diaphanes composent des décors originaux que l'on dresse à la belle saison. Tendus sur des tiges de bambou, ligaturés à quelques branches accessibles... On trouve toujours une solution pour mettre en scène ces tissus colorés, d'un poids plume. En cas d'averse, le décor souffre car il n'est pas fait pour lui résister. À réserver dans les régions peu exposées...

1

2

1. Posées sur une pergola en fer forgé, les cannisses protègent des ardeurs du soleil.
2. Un décor bicolore éphémère, où la terrasse gagne en intimité sous la transparence de tissus maintenus de-ci de-là par les moyens du bord.
3. La pergola, dont les poutres reposent sur des corbeaux scellés dans la façade, s'anime d'une glycine à floraison abondante.

3

1

à l'abri des voisins

La proximité du voisinage peut conduire à chercher des solutions de repli. Ces séparations choisies à bon escient font partie du décor ambiant. Claustras, treillages, ou brise-vue créent des séparations décoratives qui laissent plus ou moins filtrer les regards. Vous choisirez un modèle qui s'accorde au style de la maison, sachant qu'avec le temps la végétation grimpante le transformera, si vous le souhaitez, en écran de verdure, fleurie ou non, selon les saisons.

Un bois de haute qualité. Vous avez le choix entre du bois exotique et du pin traité à cœur offrant des garanties de durabilité. Laissés naturels, ces bois prennent une coloration grisée au fil des années. Vous pouvez les apprécier ainsi ou les traiter avec une lasure pour qu'ils conservent leur aspect d'origine. La mise en peinture est envisageable sur le pin pour agrémenter le décor de la terrasse d'une touche de couleur. Choisissez-la de haute qualité, et microporeuse, pour qu'elle dure longtemps.

Les treillis. Composés de lattes ou de tasseaux entrecroisés, ils présentent des mailles carrées ou en losange, plus ou moins serrées. Le bord supérieur est droit ou arrondi. N'offrant pas de prise au vent, les treillis se fixent entre des poteaux ancrés dans le sol. Ils constituent des supports parfaitement adaptés aux plantes grimpantes qui, peu à peu, les transforment en écrans opaques.

Les panneaux. Appelés parfois brise-vue, les panneaux de clôture sont d'un autre style. Leur mode de fabrication les rend opaques et offre une animation en surface. Lattes tressées, alternance de planches larges et étroites, disposition verticale, horizontale ou en biais, bord supérieur droit, arrondi ou à pan coupé... Il vaut mieux avoir un peu de recul pour apprécier l'esthétique de ces séparations qui occultent la vue et affirment leur personnalité.

1. Du lierre persistant s'est emparé du treillis dressé en bordure de terrasse. Cet écran de verdure émane des jardinières assorties au plancher en bois exotique.
2. Ces trois panneaux créent un écran protecteur qui sépare des voisins. En pin traité à cœur, ils sont décorés d'une lasure blanche.
3. Habillé de tuiles-écailles de récupération, posées à recouvrement au mortier-colle, le mur s'harmonise avec le sol en terre cuite.

LES TERRAINS EN PENTE

Bien qu'ils alourdissent les projets d'aménagement, les terrains en pente réveillent les esprits créatifs. Il y a tant de façons d'inventer montées et descentes ! Assez peu confortable à parcourir, difficile à vivre, délicat à planter... un jardin en pente s'aménage en paliers, en créant des zones propices à des activités diverses. Les liaisons entre les niveaux s'envisagent de manières différentes et invitent aux promenades.

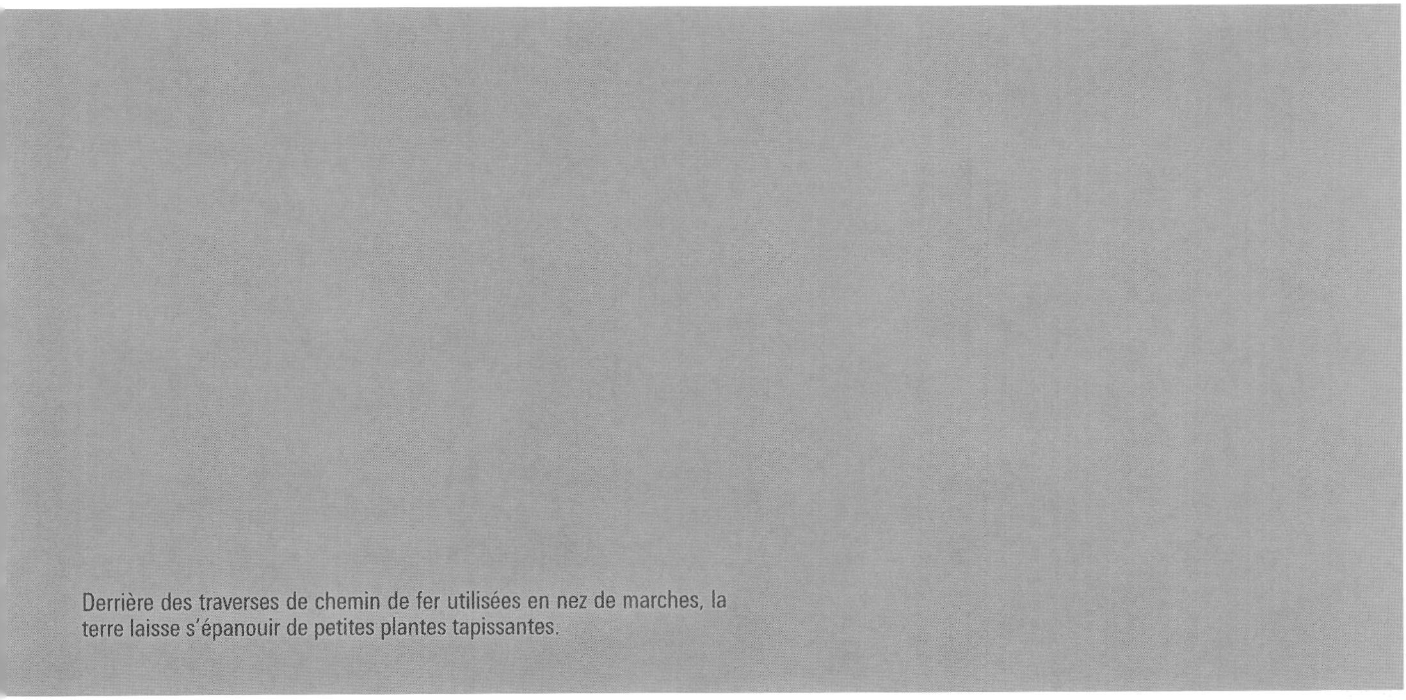

Derrière des traverses de chemin de fer utilisées en nez de marches, la terre laisse s'épanouir de petites plantes tapissantes.

1

dessiner son jardin

Les murs et les murets. Pour structurer les pentes, les murets se transforment en jardins suspendus. Un muret peut être construit en pierres sèches, en bois, par superposition de traverses de chemin de fer, ou en parpaings habillés de plaquettes de parement en matériau reconstitué. Toutefois, si vous souhaitez adopter cette solution, il vous faudra retrousser les manches pour créer une assise stable, c'est-à-dire creuser une fouille et couler une semelle en béton. Les murets de pierres sèches se composent de pierres empilées qui s'imbriquent les unes dans les autres. Les murs de soutènement doivent être plus solides. Il est toujours conseillé d'ajouter du mortier dans la partie centrale de l'ouvrage pour solidariser les pierres et optimiser la résistance aux poussées du terrain. En façade, il n'apparaît pas.

Des rocailles multicolores. Justifiée si le terrain est orienté plein sud, une rocaille s'illumine sous les couleurs des plantes alpines qui s'y développent à leur aise. Elle se construit en pente douce et marque une transition de charme entre deux niveaux. Utilisez des blocs de pierres calcaires ou de grès empilés de bas en haut et légèrement décalés d'avant vers l'arrière, en bourrant les creux avec une terre de plantation. À la base, une rocaille doit reposer sur un lit de concassé qui favorise le drainage. Les pierres les plus grosses se placent en partie inférieure. Les plantations s'effectuent au cours du montage.

Les escaliers au cas par cas. Les plus simples utilisent le bois sous diverses formes : rondins retenus par des piquets, traverses de chemin de fer, rondelles de tronc d'arbre… Les pierres plates créent aussi des marches naturelles et franches. On les pose directement sur la terre après avoir structuré le talus. Il est prudent de consolider les bordures pour éviter les éboulements, qui affaiblissent la solidité de l'escalier. Des poutres de récupération jumelées à de petits pavés créent également des escaliers poétiques.

1. La pente est adoucie par un apport de terre au niveau le plus bas des talus. Elle est retenue par des demi-rondins enfoncés dans le sol. Copeaux de bois et contremarches en rondins dessinent l'escalier, sous lequel un drainage a été réalisé.

2. Le muret en pierres sèches retient la terre. En largeur, il mesure 50 cm en haut et 80 cm à la base pour garantir une meilleure résistance aux poussées du terrain.

3. Composée de gros blocs de pierres, la rocaille s'anime d'un décor fleuri. La superposition des éléments s'effectue en biais.

les murets

L'assise d'un muret conditionne sa résistance. La plupart des ouvrages nécessitent une semelle maçonnée sur une base stable. Un muret en pierres sèches est systématiquement plus large à la base qu'au niveau supérieur. Sa forme pyramidale lui confère une forte résistance qui n'exige pas de scellement traditionnel. Toutefois, la première rangée de pierres doit être enfouie sur une vingtaine de centimètres. De formes assez régulières, on les oriente perpendiculairement à l'ouvrage, afin de lui offrir une assise stable.

Les blocs emboîtables. En matériau reconstitué, les blocs sculptés en façade créent une illusion de moellons empilés. Ils se juxtaposent et se superposent avec un mortier-colle déposé en couche fine qui les stabilise. Le mortier ne doit pas apparaître en façade pour créer des joints creux identiques à ceux qui sont visibles sur les blocs. Cet ingénieux système (Mursec de Bradstone) implique des fondations. Pour un muret de 1 mètre de haut, on creuse une tranchée de 15 cm de profondeur sur 25 à 30 cm de large (selon l'épaisseur des blocs) dans laquelle on coule du béton nivelé en 10 cm d'épaisseur. Pour une construction supérieure à 1 mètre, la tranchée est plus profonde (25 cm) et le lit de béton, un peu plus large, atteint 15 cm d'épaisseur.

Les pavés de granit. Ils requièrent des fondations similaires à celles qui ont été évoquées ci-dessus. Les pavés choisis de largeurs différentes se montent à joints rompus avec un mortier de chaux, plus esthétique qu'un mortier de ciment gris. L'avantage de leur petit calibre est d'offrir toutes possibilités de formes pour dessiner des murets en courbe.

La brique traditionnelle. Vous pouvez l'envisager si la maison est construite en brique. Veillez à utiliser une terre cuite de même provenance pour créer une harmonie d'ensemble chaleureuse. La pulvérisation en surface d'un produit hydrofuge évite les salissures occasionnées par les coulures d'eau. Une assise maçonnée s'impose.

1. Les modules en pierre reconstituée structurent un jardin en espaliers. Ils sont scellés et reposent sur une assise maçonnée.

2. Le muret en dégradé, monté avec des pavés de granit, dessine une courbe élégante. Il est assorti au dallage du sol.

3. Le jardin est sculpté par un ensemble de rocailles, de murets et de murs en pierres sèches, créant des terrasses successives que l'on franchit en épingle à cheveux.

3

1

construire un muret de soutènement

Destiné à marquer une séparation franche entre deux niveaux de terrain, ce muret composé en sandwich résistera à toute épreuve. Le muret est composé d'une élévation en parpaings cachés par un doublage en pierres apparentes. Entre les deux, un remplissage de pierres concassées donne poids et corps à l'ouvrage.

Sur une assise stable. Dans une tranchée de 50 cm de profondeur, on réalise un hérisson (lit de pierres concassées) sur 10 cm de hauteur, sur lequel un lit de béton de 20 cm d'épaisseur est coulé. La largeur de l'assise est fonction de l'épaisseur totale du mur à la base, le dessus de la semelle en béton arrive juste en dessous du niveau du sol. Pour réaliser une semelle de fondation, le béton est dosé à 350 kg/m^3, soit 5 seaux de ciment gris, 7 seaux de sable et 10 de graviers mélangés à 2,5 seaux d'eau. Dans le cas d'un terrain instable, il est conseillé d'y noyer un ferraillage.

Des conditions particulières. Des parpaings creux standard (50 cm x 20 cm x 20 cm), scellés au mortier de ciment gris (1 seau de ciment gris pour 1,7 seau de sable), offrent une résistance suffisante au mur, qui mesure moins de 1 mètre de hauteur. Pour une hauteur supérieure, prévoyez un chaînage horizontal en tête de mur (ferraillage dans un rang de parpaings en U). Et si le terrain présente une forte pente, il convient de renforcer l'ouvrage par des contreforts intérieurs ou d'utiliser des parpaings pleins, donc plus lourds, ou en béton banché.

Un drainage obligatoire. Pour éviter les risques liés à une accumulation d'eau de ruissellement derrière le mur, le drainage est essentiel. Il est réalisé avec des tuyaux en plastique annelé scellés transversalement à l'ouvrage et en partie basse, tous les 10 cm. Disposés en biais, ils permettent à l'eau provenant de l'amont de s'évacuer rapidement. À l'arrière du mur, du côté du talus, les tuyaux pénètrent dans une couche de graviers amoncelés qui repose sur la semelle en béton. Un géotextile de recouvrement fait office de filtre.

Réaliser l'habillage en pierres. Les moellons de calcaire mis en œuvre proviennent d'une démolition. On les choisit à mesure de l'élévation, en fonction de leur calibre et de leur forme, de manière à créer des rangs d'assise réguliers composés d'éléments sensiblement de même hauteur. Pour obtenir le meilleur résultat, en apparence et résistance, il est important d'éviter l'alignement des joints verticaux et de présenter en parement la plus belle face des moellons. Des joints fins contribuent à l'esthétique de l'ouvrage, chaque moellon se choisit également en conséquence. Bien que ce ne soit pas une obligation, la liaison entre les parpaings et le parement peut être renforcée par des crochets en fer à béton que l'on scelle au fur et à mesure du montage.

Le mortier de chaux. Le liant utilisé dans la composition du mortier doit être adapté à la nature des pierres. Les mortiers bâtards (mélange de ciment et de chaux) conviennent bien aux pierres dures, la chaux hydraulique naturelle blanche (type NHL 3,5) est conseillée pour les pierres tendres ou mi-dures. Le mortier servant ici à monter les moellons est composé de 1 seau de chaux pour 3 seaux de sable. Pour réaliser les joints, ce mortier est fait de 1,5 seau de chaux pour 2 seaux de sable.

Un chaperon pour terminer. Le mur est recouvert d'un chaperon réalisé en pierres plates légèrement en pente pour éviter la stagnation de l'eau. Elles sont scellées au mortier, en deux rangées, l'une chapeaute les parpaings, l'autre recouvre les moellons. Entre les deux, des pierres concassées remplissent les creux, l'ensemble est ensuite solidarisé et nivelé avec un mortier maigre.

1. Dissimulée sous des moellons, la structure du muret de soutènement est en parpaings pour allier résistance et esthétique.

1

2

3

4

5

6

7

8

9

10

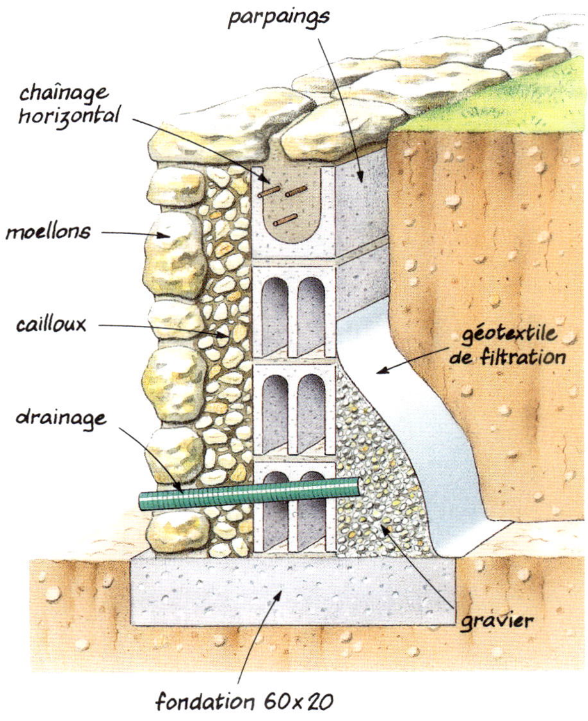

construire un muret de soutènement (suite)

1. Les planches du coffrage sont bloquées dans la tranchée par des piquets en bois. La couche de concassé est répartie sur 10 cm de hauteur, les pierres sont bloquées en surface par du béton maigre.

2. La semelle de béton est coulée entre la planche de coffrage et le bas du talus. Elle est lissée à la taloche. Une attente de 48 heures est nécessaire avant de poursuivre les travaux.

3. Un parpaing est déposé à chaque extrémité de la semelle, sur un lit de mortier frais. On tend un cordeau entre les deux pour guider le positionnement des parpaings intermédiaires, exactement au même niveau.

4. On place les parpaings du rang supérieur en décalant les joints verticaux. Pour caler les éléments sur le lit de mortier, on les tapote avec le manche d'une assette. L'alignement doit être contrôlé.

5. Les saignées, qui permettent d'encastrer les drains, s'effectuent avec une meuleuse, après durcissement du mortier de scellement. Elles sont séparées de 1 m environ et réalisées à distance des joints.

6. La longueur des tuyaux doit dépasser l'épaisseur totale du mur. Lorsqu'ils sont ajustés, on les scelle avec du mortier de ciment avant de poursuivre l'élévation, toujours en décalant les joints verticaux.

7. Les moellons les plus gros se placent à la base, sur un lit de mortier épais. On en cale deux à chaque extrémité du mur ; un cordeau tendu entre eux facilite l'alignement des pierres intermédiaires.

8. Au fur et à mesure de l'élévation, le vide intermédiaire est rempli de pierres concassées scellées au mortier maigre. Ponctuellement, on peut consolider l'ouvrage avec des fers à béton en crochet.

9. Les pierres plates débordent légèrement des deux côtés du mur. Après scellement au mortier, le dessus de l'ouvrage doit présenter une petite pente vers l'aval pour l'écoulement des eaux de pluie.

10. Le chaperon est lissé à la truelle. Lorsque le mortier de scellement est sec, les pierres abondamment mouillées peuvent être jointoyées au mortier de chaux que l'on brosse dès qu'il commence sa prise.

les escaliers

Intégrés à la nature, composés de bois ou de pierre, parfois des deux, à marches douces, étroites ou en pas-d'âne... Les escaliers s'inventent au cas par cas. Toujours poétiques, les escaliers s'envisagent selon le style du jardin. On utilisera, de préférence, un matériau en évidence aux alentours, sur la maison, la terrasse ou les allées.

Le confort compte. Quelques règles de base vous feront profiter d'un escalier agréable à franchir en montée comme en descente. La hauteur des marches varie entre 15 et 20 cm, la profondeur entre 35 et 40 cm. En fait, ces données sont liées, car plus une marche est profonde, moins elle est haute, la somme de ces mesures ne devant pas dépasser 60 cm. En largeur, on considère que 60 cm est un minimum, bien que, dans un sentier étroit, quelques marches rustiques se contentent de moins. Lorsque la pente est longue, des paliers intermédiaires interrompent la continuité des marches au profit du confort et de l'esthétique ; leur profondeur s'établit alors sur deux ou trois foulées. Pour structurer une pente raide, préférez des escaliers en diagonale ou sinueux, plus élégants qu'en ligne droite. Enfin, les pas-d'âne sont parfaits pour structurer les pentes douces. Les marches de 10 cm de hauteur ont un giron de 1,80 m environ, ce qui correspond à trois pas.

Le choix des matériaux. Le bois aura toujours une place de premier choix dans le jardin si l'on privilégie le charme. Classiques, les traverses de chemin de fer trouvent ici un recyclage idéal. Ces vieux bois ne risquent aucune détérioration, ils sont parfaitement stables. Les galettes (tronc découpé en rondelles) emboîtées les unes dans les autres conviennent aux escaliers rythmant les sentiers. Les rondins transversaux retenus par des piquets créent le nez de marches engazonnées. Les escaliers maçonnés prennent un caractère plus sérieux. En matériau reconstitué, imitant la pierre ou la brique, en vraie pierre sous forme de moellons, de dalles calibrées ou de petits pavés associés à du bois, c'est selon...

1. Les niveaux entre terrasse et bassin se relient par un escalier à marches basses et profondes, habillées de pierres plates non glissantes car irrégulières en surface. Il sillonne entre deux éboulis de pierres plantés de vivaces.

2. Le pas-d'âne est réalisé avec des pavés anciens de récupération. Les nez sont composés de deux gros blocs de pierre brute. Sinueux, il s'échelonne en paliers intermédiaires qui desservent des terrasses aménagées sur plusieurs niveaux.

construire un escalier

Économique et rapide à construire en traverses de chemin de fer, l'escalier s'inscrit entre deux talus. Choisies une à une, les traverses en chêne sont saines, elles ne portent traces ni de moisissure ni d'insectes. Mieux vaut adapter la largeur de l'escalier à leur dimension, les coupes étant difficiles à faire dans un bois aussi dense avec une tronçonneuse ordinaire. Le relief du terrain est reconsidéré devant la maison. La butte d'origine se transforme en terrasse dont l'accès s'effectue par une succession de marches en bois. La végétation, maîtrisée de part et d'autre, s'organise en paliers.

Structurer le terrain. Les traverses sont utilisées ici de deux manières. Celles qui sont placées en position verticale, pour retenir la terre des terrasses successives, sont enfouies jusqu'à mi-longueur. Des éléments plus courts pourraient les remplacer, ce qui nécessite alors de réaliser une fouille et de sceller la base dans du béton. Les traverses horizontales qui composent les marches sont calées sur un lit de sable plan et damé. La marche supérieure, plus profonde que les autres, assure une continuité visuelle entre terrasse et escalier. Elle est composée d'une rangée de dalles en ciment gravillonné posées sur un lit de sable, coincées entre deux traverses.

1. Le bois vieilli, rodé aux intempéries, constitue un escalier champêtre inscrit entre des jardins en terrasses.

2. Les bords de l'escalier sont matérialisés par des cordeaux. La traverse du haut est calée sur du sable, à fleur de terrasse, les dalles viennent en appui.

3. Les traverses se mettent en place au fur et à mesure du terrassement. Les éléments verticaux, enfouis à mi-longueur, bloquent les bois horizontaux.

4. La deuxième traverse est calée à la hauteur des dalles. Le terrain est creusé en contrebas, pour offrir à la marche suivante une assise stable.

5. Les bois tiennent d'eux-mêmes, stabilisés à niveau, avant que les vides soient comblés avec du sable. Sur les côtés, ils sont retenus par les traverses verticales.

idées en marches

Chacun de ces escaliers affirme sa personnalité. Différents en matériau et en style, ils sont parfaitement en phase avec leur environnement. Les escaliers maçonnés reflètent la rigueur de marches franches et dures. C'est un choix préférable si l'on est invité à les franchir plusieurs fois par jour.

Avec des moellons. La forme de l'escalier est donnée par des coups de pelle dans le terrain pour obtenir une base stable sur laquelle on monte les moellons petit à petit, de bas en haut. Ils seront scellés au mortier traditionnel, et jointoyés avec un mortier de chaux. Puis, ils seront couchés sur un lit de mortier et calés horizontalement avant d'entreprendre la marche suivante. Les joints, effectués lorsque le mortier de scellement est sec, sont brossés dès le début de la prise, pour retirer les excédents.

1. Pour préserver l'unité de l'ensemble, murets et escalier sont appareillés de moellons de même provenance.

Avec bois et pavés. Bien que calibrés, les petits pavés de granit présentent une surface irrégulière qui les rend non glissants. Le nez de marche varie selon qu'il s'agit de traverses de chemin de fer ou de poutres de récupération. La hauteur des marches, tout comme leur profondeur, en dépend. Les pavés de granit étant directement posés sur un lit de sable, les joints sont sablés. La première marche est faite de blocs de pierre scellés ; leur longueur totale dépasse la largeur de l'escalier pour constituer un blocage solide et retenir la terre des talus. Le bois s'associe à la verdure et les pierres plates tracent au cœur de cette dernière quelques marches improvisées.

2. Poétique et fiable, l'escalier s'insinue entre des talus plantés. Les marches sont bordées de grosses pierres qui retiennent la terre et bloquent les pavés.

En pierres plates. Dévalant le talus comme un torrent, son lit, les pierres d'un poids élevé sont stabilisées sur la terre et calées latéralement par des blocs partiellement enfouis. La nature a repris ses droits, laissant la pelouse pousser tout autour. Les abords stabilisés sont majeurs, pour éviter au terrain de se modifier sous l'effet de pluies abondantes. La forme des marches et leur hauteur sont aléatoires, c'est le profil de chaque pierre qui en décide.

3. L'intégration à la nature est si parfaite que l'escalier semble exister depuis toujours.

Des galettes en bois. Joliment intégré dans la nature, l'escalier est composé de rondins en chêne de 30 cm de diamètre, enfouis dans la terre sur une demi-épaisseur. Chaque marche (excepté la première) comprend une découpe pratiquée du bas jusqu'à mi-hauteur, sur une dizaine de centimètres de profondeur, pour permettre l'emboîtement et le calage à chaque niveau. Pour augmenter la longévité du bois, la partie enterrée est badigeonnée de goudron. Le terrain, préparé à recevoir les rondins, est remblayé et tassé au fur et à mesure du montage

4. Ce petit escalier rustique s'inscrit sur le parcours d'un sentier dessiné dans un jardin en pente.

UNE VRAIE CUISINE

Passer à table dans le jardin est toujours un moment délicieux, si l'organisation du coin cuisine se montre à la hauteur. Une cuisine de plein air s'aménage à la carte selon le degré de confort souhaité et la place disponible. Du point d'eau au poste de cuisson, sans oublier les plans de travail, les rangements, le décor... , il faut penser à tout.

Aménagée dans une grange dont une partie de mur a été abattue, la cuisine, bien abritée, dispose d'un matériel très complet. Elle est agencée dans la continuité d'une imposante cheminée face à laquelle on prend les repas.

des formules appétissantes

Un emplacement réfléchi. Ni trop près, ni trop loin de la maison... Lorsque la saison ne se prête pas à l'utilisation de la cuisine, elle ne doit pas s'imposer au regard à partir de la maison ou des endroits du jardin les plus fréquentés. Le sens du vent dominant est un paramètre essentiel pour déterminer son emplacement. Il faut faire en sorte que les fumées de cuisson ne se dirigent pas spontanément vers la maison, la terrasse et encore moins vers la table des repas. Les matériaux servant à construire plans de travail, poste de cuisson, rangements devront s'accorder en style à ceux du bâtiment : pierres apparentes, briques, béton crépi... Toute la structure doit s'intégrer à son environnement.

Les formules en kit. Vous trouverez chez les spécialistes des éléments préfabriqués et calibrés qui permettent d'organiser une cuisine à la carte, en fonction de la place disponible. Au simple coin de cuisson, avec ou sans hotte, s'ajoutent des plans de travail plus ou moins importants. De dimensions standard, ces éléments sont livrés avec une notice de montage et les produits de jointoiement réfractaires.

Cuisiner sous abri. Un aménagement sous abri nécessite une hotte, contrairement à une cuisine à ciel ouvert. Le plus fonctionnel consiste à installer le plan de travail contre un mur et à y adosser la hotte, dont le conduit traverse le toit. Un tubage évite les transmissions de chaleur aux structures du bâtiment, et la fumée des grillades s'évacue facilement si la sortie de souche est assez haute pour favoriser le tirage.

Un foyer résistant. La brique réfractaire se prête idéalement à la construction d'un foyer. Dans le commerce, vous trouverez des kits de cuisson particulièrement pratiques, conçus pour être intégrés dans la structure réfractaire. Un foyer de cuisson à gaz ne demande pas la même organisation qu'un foyer pour charbon de bois. Au charme de ce dernier, s'opposent les facilités offertes par le précédent. Un choix qui mérite réflexion.

1. Sous un petit toit vernissé, le poste cuisson à gaz est encastré entre deux structures en pierre. Le coin repas, placé en retrait, n'est pas exposé aux fumées.
2. Cet espace consacré à la cuisine de plein air est agencé en cercle. Sur des jambages réalisés en modules de matériau reconstitué, les plans de travail s'organisent sur plusieurs niveaux.
3. Intégré dans le muret en pierre qui borde la terrasse, le poste de cuisson est à proximité d'un point d'eau qui rend de nombreux services. La pierre, protégée par un hydrofuge, est insensible aux taches.

3

1

un agencement organisé

Il n'est pas utile de s'étendre pour parvenir au confort d'utilisation d'une cuisine d'extérieur. L'essentiel se résume en quelques points. Tout ce qui s'avère utile en intérieur ne l'est pas nécessairement à l'extérieur pour aménager un coin cuisine qui sert occasionnellement.

Le poste de cuisson. Avec un barbecue à gaz, fini la corvée de charbon de bois. Les modèles sur pieds peuvent s'intégrer entre deux plans de travail, la bouteille de gaz se glisse dessous. Optez pour une bouteille petit format, facile à caser. Elle se relie au barbecue avec un tube souple à embouts vissés sans limite de durée de vie. Si vous préférez cependant un foyer à charbon de bois, posez-le directement sur le plan de travail en intercalant une couche réfractaire (briques ou ciment réfractaire). Sous le plan, la niche servant à stocker le charbon de bois ou la bouteille de gaz sera de préférence décalée, pour pouvoir se tenir face au poste de cuisson sans se heurter les pieds.

Un point d'eau. Il existe différentes manières d'envisager un point d'eau, sachant que celui-ci reste un appoint fonctionnel plus qu'un véritable poste de plonge ! Sous un robinet mural, alimenté par un tube souple encastré (PER) et raccordé au réseau, une pierre d'évier ancienne ou une auge de jardin, dont vous ferez percer le fond, trouvent ici une justification. Un bac encastré dans un plan de travail peut être maçonné et revêtu de céramique pour offrir une apparence différente de celle d'un évier.

Les plans de travail. Placés à 90 cm de hauteur, misez sur 50 cm de profondeur. C'est inférieur à ce qui se fait en intérieur, mais bien suffisant dans ce contexte. Si le plan de travail est abrité sous une terrasse couverte, vous pouvez le réaliser en aggloméré hydrofuge revêtu de carrelage, ou en hêtre massif lamellé-collé et huilé. En revanche, pour un plan de travail exposé aux intempéries, préférez du béton armé coulé sur place ou des carreaux de béton cellulaire revêtus de carrelage émaillé, de grès brut ou d'une terre cuite ingélive. L'écart entre les jambages doit être proportionnel au poids.

1. Partiellement protégée, la cuisine extérieure est composée de jambages maçonnés crépis et de plans de travail carrelés. Le poste de cuisson, appuyé contre la maison, est chapeauté d'une hotte.
2. Adossée à la structure maçonnée qui supporte un plan carrelé, une pierre d'évier ancienne dressée sur des jambages est alimentée par un robinet chiné.
3. Une cuisine de plein air construite en parpaings enduits et carrelés ; le foyer de cuisson en briques réfractaires est équipé d'une grille réglable et démontable.

autour du barbecue

Construire son barbecue passe par un choix judicieux des matériaux et nécessite de suivre quelques règles qui en feront un ouvrage durable et fonctionnel. Plus le barbecue se fond dans l'environnement, plus il est réussi ! L'aménagement doit satisfaire l'appétit, et le décor s'harmoniser au style de la maison pour créer un ensemble cohérent.

Une assise solide. Un barbecue en « dur » demande une assise stable, à réaliser en béton si vous le construisez dans le jardin. En revanche, si vous l'envisagez sur la terrasse, le terrain est déjà prêt. La surface de la dalle, d'une épaisseur d'environ 15 cm, est un peu supérieure à l'encombrement du barbecue et de ses à-côtés. Délimitez le contour avec des cordeaux tendus, creusez sur environ 20 cm de profondeur et faites un coffrage en planches huilées bloquées par des piquets en bois. Au fond de la fouille, étalez un lit de concassé et coulez la dalle, qui doit être armée si le terrain est instable. Comptez trois semaines de séchage. La dalle peut ensuite être peinte avec une peinture pour béton extérieur. La structure de base d'un barbecue est toujours la même : un plan horizontal couvre des jambages et le muret de fond.

Tout en brique. La brique offre un style épuré car elle sert à réaliser jambages, foyer, et plans de travail. Les jambages se montent à joints croisés. Pour le foyer, et plus généralement pour les parties en contact direct avec le feu, les briques réfractaires sont scellées avec un mortier réfractaire prêt à l'emploi. Le plan horizontal se réalise, au sol, d'un seul tenant. Faites un coffrage puis répartissez des mulots à l'intérieur (briques de 5 cm x 5 cm x 22 cm), à joints croisés. Insérez des baguettes entre les rangées pour les bloquer en ligne. Coulez du mortier réfractaire puis insérez des fers (diamètre 5 mm) entre les rangées de mulots avant de tout recouvrir de mortier, puis lissez. Après séchage, retournez l'ouvrage, enlevez les baguettes en bois et scellez le plan sur les jambages.

Tout en béton. Du fait de leur format, les parpaings sont à réserver aux ouvrages d'envergure. Il faut trouver un équilibre visuel entre l'épaisseur des jambages et celle du plan de travail. Une fois les jambages dressés, entourez toute la structure de base avec des planches pour former le contour d'un coffrage. À l'intérieur, calez des planches jointives et couchez des fers légèrement rehaussés par des cales avant de couler le béton. Après décoffrage et séchage, l'ensemble peut être enduit ou revêtu de carrelage.
Le béton cellulaire, plus facile à manipuler, peut aussi constituer jambages et plan horizontal. Les carreaux se fixent avec une colle spécifique et acceptent un enduit compatible avec ce matériau.

1. Adossé au mur de la maison, cet ensemble est bâti en béton cellulaire. Le plan de travail, constitué de carreaux qui reposent sur les jambages, est carrelé comme la paroi d'adossement. Le foyer métallique est un modèle standard installé sur des carreaux de terre cuite.

improvisés en pierre

Dans les régions où la pierre se ramasse… à la pelle, les barbecues prennent une allure typique. Construits avec les moyens du bord, ils collent au paysage. D'une manière générale, l'idéal est de bâtir un mur en pierre et d'y adosser le barbecue construit sur le même modèle. Il se confond avec lui, et en fait partiellement partie quand des niches ménagées dans le mur s'offrent au stockage des accessoires : petite vaisselle, ingrédients ou autres. Les parois intérieures du barbecue, de même que la sole foyère, peuvent être éventuellement revêtues de briques réfractaires. Sur les jambages montés en pierre ou en brique, les plans de travail maçonnés se parent de carrelage ou de carreaux de terre cuite traités.

Un foyer résistant. Pour construire le foyer, vous pouvez utiliser des mulots perforés pour la première rangée des joues. Ils laisseront passer l'air nécessaire à la combustion. Montez les côtés et le fond simultanément sur 30 à 35 cm de hauteur. À environ 20 cm de la sole, prévoyez de sceller des pattes où faire reposer la grille de cuisson, elles sont plus fonctionnelles que des encoches dans lesquelles on emboîte la grille. Sur d'autres pattes scellées à un niveau plus élevé, vous pourrez poser une grille de maintien au chaud. Ces solutions économiques ne doivent pas faire oublier qu'il existe des kits de cuisson sous forme de foyers métalliques prêts à l'emploi une fois enchâssés dans la maçonnerie.

1. Le mur mitoyen bâti en moellons comprend une niche réservée aux épices. L'intérieur du foyer étant doublé de briques réfractaires, la hotte maçonnée est revêtue de carreaux de terre cuite de même coloris qui donnent une harmonie d'ensemble.

2. Les moellons du mur et des jambages s'accordent à la couleur de la hotte maçonnée. Le plan de travail est revêtu de carreaux colorés qui ne craignent pas le gel.

3. Intégré au muret en pierres sèches, le foyer en briques réfractaires est protégé du vent par une structure rehaussée tout autour.

construit pour durer

Des parements en matériau reconstitué habillent la structure montée en brique et en béton. Pour réaliser une construction contre un mur mitoyen, il est préférable d'obtenir l'accord préalable du voisin, qui peut ne pas apprécier les fumées émanant de votre barbecue...

Une maçonnerie traditionnelle. Le barbecue est constitué de jambages en briques creuses (20 cm x 20 cm x 50 cm) qui reposent sur une dalle en béton armé de 10 cm d'épaisseur. Sur le plateau, également en béton armé, de 8 cm d'épaisseur, les joues du foyer sont montées en brique (10 cm x 20 cm x 50 cm), de même que l'avaloir (5 cm x 20 cm x 50 cm). Le panneau de façade et la voûte cintrée, réalisés en béton, disparaissent, comme toutes les autres parties de l'ouvrage, sous des pierres ou des briquettes en matériau reconstitué (Orsol).

Le travail du béton. Toutes les parties en béton se composent d'un mélange de 3 volumes de sable et gravier pour 1 volume de ciment. Sur la surface de la dalle, la terre est éliminée sur 10 cm de profondeur, à l'emplacement des jambages, elle est creusée sur 10 cm supplémentaires. Au fond de ces deux tranchées, on dépose un fer à chaînage avant d'étendre dans la fouille un treillis soudé surélevé de quelques centimètres par un calage. Lorsque le béton est prêt, on remplit d'abord les tranchées avant de couler la dalle jusqu'au niveau du terrain et de la tirer à la règle. Façade et linteau voûté sont des pièces moulées. Pour la façade, on découpe la forme dans un panneau de bois huilé ou mélaminé ; des bandeaux vissés autour créent un rebord qui dépasse le panneau sur 4 cm (épaisseur de l'ouvrage fini). Au fond du moule, on dépose un treillis soudé puis on coule le béton. L'épaisseur du linteau voûté (10 cm) nécessite une technique différente.

1. Les dimensions du barbecue sont tracées au cordeau à poudre sur la dalle. Les briques doivent être scellées au mur avec du mortier.

2. Le fond du coffrage composé de planches étant calé entre les jambages, on scelle la façade moulée sur les briques avec un mortier-colle.

3. Des planches latérales ferment le coffrage, au fond duquel on dépose un treillis soudé avant de couler le béton qui forme le plan de travail.

4. Pour faciliter l'utilisation du barbecue, on le conçoit avec un plan de travail et une réserve à bois. Il reste un peu de place pour caser un rangement où stocker condiments et petit matériel.

4

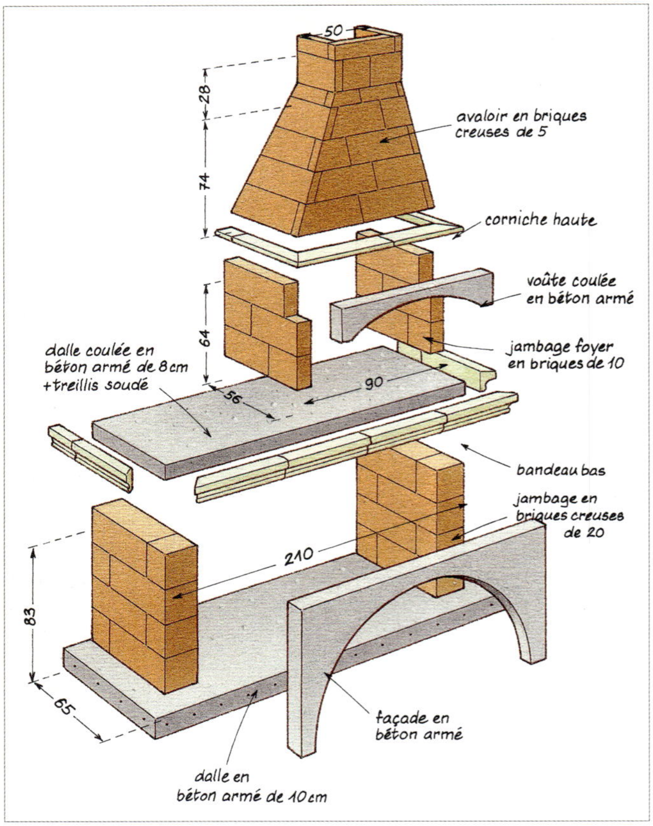

construit pour durer (suite)

Le scellement des briques. Le mortier qui sert à maçonner les briques des jambages et celles du foyer est composé de 1 volume de ciment pour 3 volumes de sable à bâtir. Pour les briques de l'avaloir, on utilise du plâtre à la place du mortier. Celui-ci a l'avantage de prendre rapidement, ce qui dispense de gabarit.

Il est important de refaire les joints des moellons du mur sur la hauteur du foyer et du conduit s'ils sont particulièrement creusés car, plus la paroi est lisse, moins elle s'encrasse.

Un décor organisé. En reproduisant la texture, l'usure et les nuances de coloris des matériaux authentiques, les parements en matériau reconstitué offrent de multiples possibilités de décors, d'autant que l'on peut jouer sur les formes comme sur le sens de pose. L'habillage est souligné d'une corniche placée au-dessus du linteau et d'un bandeau qui ceinture le plateau. Ces éléments moulurés font partie d'une gamme d'accessoires destinés au jardin pour border les allées. Les chaînages d'angle et les parements, pierre et briquettes, du fait de leur finesse (2 cm seulement), se posent avec un mortier-colle de même marque (il est garanti par le fabricant). Une meuleuse équipée d'un disque à matériau permet de les couper à dimension, les coupes se reprennent au marteau pour casser les arêtes vives et arrondir les bords de manière irrégulière, signe d'usure illusoire.

11

12

13

14

15

5. Le béton est déposé dans le coffrage jusqu'au niveau de la façade et des planches latérales. Avec une règle, on le nivelle pour qu'il soit plan.

6. Quelques jours après, la prise est suffisante pour monter les joues du foyer. Le troisième rang de briques est diminué de 10 cm en longueur.

7. Le moule du linteau se fabrique comme une boîte sans couvercle, avec un fond galbé. À l'intérieur, deux fers couchés sont enrobés de béton.

8. Le linteau est scellé au mortier-colle ou au plâtre. Le volume de la hotte est matérialisé par des cordes tendues reliées à un piton mural.

9. Les briques se collent au plâtre. Elles suivent l'inclinaison des cordelettes, qui relient les angles du foyer au piton central enfoncé dans le mur.

10. Les chaînages d'angle se collent sur brique et béton. En façade, les bordures sont recoupées en biais, pour laisser 10 cm nécessaires au collage des briquettes.

11. Les parements habillent les surfaces restantes. On veille toujours à aligner les joints horizontaux entre les pierres et les chaînages d'angle.

12. Les briquettes coupées en deux se collent ensuite autour du cintre. Elles dépassent légèrement le bord pour cacher l'épaisseur du béton.

13. La moulure se colle autour du plan de travail, tête en bas. Elle dépasse le niveau du plan (2,5 cm) pour compenser le revêtement en briquettes.

14. La moulure collée sur la voûte et sur le chant des briquettes est identique à la précédente. Elle se pose non plus tête en bas, mais à plat.

15. Pour terminer, les briquettes se collent sur la hotte. Les joints de 1,5 cm environ sont alignés horizontalement et décalés dans l'autre sens.

1

2

le coin repas

Les gloriettes de charme invitent aux repas romantiques. Ces petites constructions dressées à proximité de la cuisine conjuguent tous les styles. Une gloriette, à sa manière, renoue avec le passé. Autrefois lieu de rendez-vous galant ou espace retranché propre à la lecture ou à la méditation, la gloriette sert plus fréquemment de nos jours à créer un coin repas. On s'y retrouve volontiers autour d'une table pour profiter du paysage, tout en savourant des salades colorées.

Dans le style régional. Qu'elle soit simple ou ouvragée, en fer forgé ou en bois, une gloriette présente une structure assez fine et élancée pour s'offrir en spectacle. Selon les régions, chêne ou résineux sont les bois courants. Qu'ils soient laissés naturels, pour évoluer en même temps que leur environnement, ou qu'ils soient protégés par lasure ou peinture, les bois reposent toujours sur une structure dure et stable. Le fer forgé traditionnel permet des décors osés, ornementés de volutes, de feuilles d'acanthe…

3

1. Constituée de poteaux en bois exotique scellés dans un muret de soubassement courbe, la gloriette est coiffée de panneaux en treillis que la végétation s'apprête à recouvrir. Le sol, en contrebas, permet de s'asseoir à fleur d'eau.
2. Structure et charpente sont mises en œuvre avec les matériaux de la région. La douceur du cèdre rouge et du châtaignier s'accorde ici avec le toit en lauze, typique des montages de la région d'Uzès.
3. Réédition d'un modèle de square, la gloriette à huit pans s'agrémente de stores en bois tissé qui protègent des ardeurs du soleil couchant. La structure en fer forgé est composée de poteaux à chapiteau et d'un garde-fou enrichi d'un décor à rosaces. Pour améliorer le confort, un grand ventilateur brasse l'air en silence au-dessus de la table.

DES DÉCORS DE CHARME

Soigner le décor du jardin, c'est lui offrir une dimension supplémentaire. Couleurs, murmure de l'eau, cabanes insolites, jardinières osées créent l'ambiance. Le jardin, c'est un peu comme l'intérieur de la maison. On cède rapidement à l'envie de le décorer pour le personnaliser, le choyer, se l'approprier, en faire un petit coin de paradis bien à soi.

Au cœur de la terrasse en béton lavé s'inscrit un grand tapis composé de carreaux de ciment multicolores.

1

un jardin animé

Des couleurs à foison. Le festival de couleurs qui s'offre en période de floraison crée un tableau éphémère grandeur nature. Des apports complémentaires finalisent cette œuvre ou en prennent le relais lorsque la nature retourne au repos. On s'aperçoit alors de l'attrait des touches de couleurs savamment dosées, que ce soit sur le mobilier, les accessoires, les sols, les cabanes de rangement, les portillons ou les clôtures romantiques.

Poésie sous abri. Domaine secret du jardinier, une cabane de jardin séduit à tous les âges de la vie. Ces maisons miniatures, qui évoquent l'enfance, se fondent dans la nature avec un talent singulier et jouent de leur charmante innocence. Tout est possible, en forme et en dimensions, l'essentiel étant de viser le long terme en réalisant une construction durable dont les murs et la toiture sauront résister aux intempéries. Le plancher compte autant, la maisonnette n'aimant pas séjourner les pieds dans l'eau. Les plus audacieuses se construisent également dans les arbres pour découvrir la canopée enrobée par la brume ou savourer un coucher de soleil.

Le plaisir de l'eau. Un délicieux murmure qui se fait entendre, une étendue d'eau qui se couvre de nénuphars... Les jardins aquatiques attirent le regard parce qu'ils créent une animation vivante et dégagent une fraîcheur bienfaitrice. Toutefois, quelles qu'en soient les dimensions, installation et entretien ne sont pas négligeables et la sécurité des enfants doit être envisagée. Inutile de prendre des risques avec un bassin lorsque, à proximité, l'accès à la piscine est condamné...

2

3

1. Posée sur une dalle de béton armé, la maisonnette est constituée de parois en lambris fixés sur une ossature en bois. Le toit en CTB-X est revêtu de bardeaux d'asphalte. Herbarium des Remparts.
2. Les deux bassins à niveaux décalés s'animent d'un écoulement permanent. Un système de circuit fermé permet cet échange.
3. Un bleu soutenu avive ce portillon, qui s'ouvre sur le jardin d'une maison aux volets peints en bleu plus clair.

1

cabane perchée

Suspendue entre ciel et terre, la cabane, à la manière d'un nid, s'accroche aux branches d'un vieil arbre solide. Un bastion imprenable et confortable ! Construite en red cedar, la cabane est perchée à 7 mètres de hauteur, selon un plan que le pin d'Alep pouvait accepter. Toutes les pièces préparées en atelier ont été montées par un charpentier habitué à l'exercice d'un métier en hauteur !

Une plate-forme ancrée. Le plancher est constitué de solives (20 cm x 10 cm) assemblées aux poutres du centre et de l'entourage par tenons et mortaises (plus précisément des paumes grasses). Des étais disposés en couronne relient la plateforme et le tronc. Ils sont fixés sur un collier métallique enrobé de caoutchouc qui entoure le tronc sans le blesser.
Les parois sont composées de clins en red cedar montés sur une ossature en bois. Coiffée d'un toit à cinq pans en contreplaqué revêtu de zinc, la maisonnette est constamment embaumée du parfum dégagé par le pin qui l'accueille.

Confort à l'intérieur. Ni eau ni électricité... C'est en franchissant une trappe dans la continuité de l'escalier à double volée que l'on découvre l'intérieur aménagé sur 5 m^2. Lit de repos à coussins douillets, table rabattable et étagères constituent le mobilier. Des petites fenêtres s'ouvrent au sud, une autre, plus grande, débouche à l'est, tandis qu'un hublot regarde à l'ouest. Reste la porte qui, implantée au nord, débouche sur la terrasse et sur sa vue imprenable.

1. Lovée entre les branches d'un pin centenaire, la cabane est accessible à qui montre patte blanche !
2. Entourée d'une balustrade en iroko, la plateforme est un lieu de repos interdit aux enfants espiègles.
3. La plateforme qui enrobe les troncs supporte la maison et forme la terrasse.

cabanes cachées

Plus classiques, ces petites maisonnettes ont les pieds sur terre, mais s'accordent des fantaisies. À bâtir en dur ou en planches, c'est selon...
De nombreux modèles existent en kit à monter sur une dalle de béton. Les dimensions se choisissent en fonction de l'usage, de 2 à 10 m^2. La hauteur doit permettre de se tenir debout sans courber l'échine, soit plus de 2 mètres sous le faîtage.

Un support stable. La formule la plus simple consiste à créer un sol en pavés autobloquants posés sur un lit de sable après terrassement. Un solin maçonné périphérique est nécessaire. Une dalle en béton armé demande davantage de travail, elle se réalise sur un lit de concassé de 15 cm d'épaisseur. Enfin, un plancher en bois est également possible. Le solivage autoportant qui repose sur des plots de béton reçoit des lames de parquet ou des dalles en caillebotis.

Une ligne élancée. Toit d'ardoises et façade d'une symétrie majestueuse caractérisent cette maison perdue dans les bois. Les murs montés en parpaings sont revêtus d'un enduit lissé à la spatule et peint en rose. Chaque mur s'anime de fenêtres à petits carreaux. Un léger coyau adoucit le mouvement de la charpente à quatre pans, revêtue d'ardoises et soulignée d'arêtiers en zinc. On accède à la porte par un double escalier qui dessert le perron bordé de fer forgé.

Inspirée des îles. Construite sur une terrasse en bois réhaussée, la cabane est coiffée d'un toit en tôle qui lui donne une allure de case créole. Des planches irrégulières habillent une ossature en bois et forment les parois. À l'intérieur, un doublage en contreplaqué atténue les passages d'air. La terrasse est composée de planches en pin traité en autoclave, posées à claire-voie. Elles sont fixées sur un solivage surélevé par des poteaux métalliques avec des platines vissées sous les bois et, au sol, sur des plots de béton enterrés.

Naturelle et authentique. Des planches brutes en red cedar clouées jointives sur l'ossature en bois lui donnent l'aspect d'une cabane forestière. La porte, achetée en brocante, est laissée dans son jus, son aspect vieilli sera naturellement rattrapé par les parements non traités. La toiture en tôle est portée par des tasseaux qui reposent sur les pignons, à la manière des pannes traditionnelles. Des tasseaux de même section, fixés le long des rampants, complètent cette charpente rudimentaire. La tôle est clouée sur les bois.

1. Retranchée à l'ombre d'un sous-bois, la maisonnette, isolée du sol, est un refuge pour les enfants rêvant d'aventures.
2. La maison est surélevée par un amas de grosses pierres sur lesquelles une dalle de béton a été coulée.
3. La cabane invite les plantes à l'envahir pour se fondre totalement dans son environnement de verdure.

3

1

jeux de couleurs

Dans un jardin, les touches de couleurs s'affirment toute l'année. En hiver, elles réveillent les décors endormis, en été, elles subliment les massifs. La couleur est exclusivement offerte par les compositions florales, dans les jardins traditionnels. Ceux que l'on découvre dans les contrées lointaines surprennent par leurs mises en scène audacieuses où la couleur, déposée de-ci, de-là, est souvent prétexte à camouflage. Les mélanges osés résultent des fonds de pot plus que d'une réflexion sur l'esthétique de l'ensemble. Et c'est rarement décevant ! Cette approche de la couleur fait une entrée timide dans nos jardins. Elle en est à ses balbutiements et profite à ceux qui osent franchir le pas.

Que peindre en couleur ? Les contenants à plantes, quels qu'ils soient, s'inscrivent comme des accessoires décoratifs de premier plan sur la terrasse ou ailleurs. La terre cuite traditionnelle se remplace alors aisément par des pots métalliques récupérés, dont on oublie très vite la fonction initiale dès que la couleur s'en mêle. Un pan de mur, quelques marches en bois, des poutres sous une terrasse couverte, sans oublier le mobilier... Et lorsque les volets et la façade sont peints en couleur, cela forme un tout empreint de gaieté.

1. Ce petit bout de terrasse en bois réalisé en planches posées à claire-voie se découvre entre les massifs. Il est peint avec une peinture micro-poreuse.
2. Le pan de toiture incliné protège cette terrasse aménagée en cuisine d'été. Les rondins de la charpente se détachent, dans le décor, par la teinte lilas dont ils sont badigeonnés.
3. La couleur sur le pont! Les barreaux classiques sont remplacés par des tiges en fer torsadées qui servent habituellement à armer le béter. Elles sont peintes avec une peinture «spécial fer» contenant de l'antirouille (Rouge Garance de Tollens).

des jardinières inventives

1

3

2

Couleurs et formes s'associent pour se mettre en scène. Tout est possible et l'imagination est ici sans limite. Utiliser les fonds de pot est une solution économique, mais la peinture doit convenir au matériau pour tenir face aux agressions du climat. La céramique, sous forme de mosaïque en casson, enrobe toutes les formes et résiste au gel si sa qualité s'y prête. C'est un moyen pratique de recycler les restes et de s'exercer à cette discipline à la fois ludique et économique.

La mise en peinture. Sur les pots en terre cuite, une peinture microporeuse convient et tiendra d'autant mieux si vous appliquez une sous-couche également microporeuse pour ne pas enfermer l'humidité. Choisissez une finition mate plutôt que brillante, pour contourner toute tendance au clinquant. Sur du métal, une sous-couche anticorrosion est souhaitable même si la peinture contient des agents contre la rouille. Les teintes sombres absorbent moins la chaleur que les couleurs claires.

Les effets mosaïque. S'il vous reste des carreaux émaillés, cassez-les avec un marteau pour obtenir des petits morceaux de formes variées. Ils se collent sur la terre cuite avec un mortier-colle, les uns à côté des autres, dans tous les sens. Les couleurs peuvent se mélanger selon un ordre défini pour dessiner des motifs. Lorsque le mortier-colle est sec, faites les joints avec une barbotine assez liquide qui doit remplir tous les creux.

Les parures naturelles. Les cannisses traditionnelles sont vendues en rouleaux et comportent des fils métalliques qui servent à maintenir les brins. Vous pouvez couper des bandes, en tenant compte de l'emplacement des armatures pour en assurer le maintien, et enrober les pots, autour desquels vous nouez un écheveau de raphia teinté. La mousse, qui s'achète en plaques, se coud aisément sur un grillage à mailles fines. Elle enrobe pots et jardinières le temps d'une saison. En arrosant les plantes qu'ils contiennent, donnez-lui aussi à boire !

1. Chaque marche adopte une couleur pour une mise en pots décorative qui enjolive la floraison.

2. Cette mosaïque en casson qui enrobe la jarre en terre cuite est savamment orchestrée. Elle met en scène des couleurs qui s'accordent avec le décor ambiant.

3. En bordure de cette galerie, les potées multicolores jalonnent le sol et paraissent baliser le chemin. Villa Majorelle.

histoires d'eau

Reflets et murmures, rencontres de l'eau et du végétal, parades des ombres et des lumières… Toutes ces beautés s'additionnent à l'approche d'un bassin, petit ou grand. Un plan d'eau s'accompagne d'un monde végétal à maîtriser, afin d'éviter l'envahissement susceptible de l'engloutir. Il convient de réunir les conditions propices à cet épanouissement.

L'emplacement. L'exposition est primordiale, car un jardin aquatique a besoin de soleil pour trouver son équilibre. On considère que les plantes nécessitent au moins six heures d'exposition par jour. Toutefois, en période de grosse chaleur, une ombre délicate leur est aussi utile ! La proximité d'un arbre s'avère bénéfique s'il n'est pas en pleine croissance, de sorte que ses racines ne risquent pas de percer le fond du bassin !

Les dimensions. Tout est possible, sachant que plus le bassin est grand, plus il trouve un équilibre biologique stable. Sa surface doit être en relation avec celle du jardin et de la végétation envisagée. À titre d'exemple, un pied de nénuphar requiert 1 m^2. Les proportions comptent, et l'harmonie en dépend. Le rapport idéal entre la largeur et la longueur est de l'ordre de $2/3$ ou de $3/5$. Le bassin peut s'organiser sur plusieurs niveaux reliés entre eux par une cascade ou un larmier dont vous percevrez le bruit permanent.

Des parois résistantes. En période de gel, l'eau transformée en glace prend du volume. Les pressions exercées contre les parois rigides peuvent engendrer des fissures, donc des fuites. Pour cette raison essentielle, le recours à une bâche est de plus en plus prisé. Toutes les formes sont possibles. La bâche se pose sur un géotextile qui la protège des agressions du terrain risquant de l'abîmer. Il existe différents matériaux souples, parmi lesquels le caoutchouc synthétique (EPDM). Il offre une résistance supérieure à celle du PVC. Légères et inaltérables, les résines de synthèse à couler sur place représentent une autre solution. Elles épousent la forme exacte de la fosse et sont d'une étanchéité parfaite. Toutefois, la mise en œuvre est délicate. Les bassins préformés en PVC ou en polyester existent en dimensions limitées. Moulés d'une pièce, ils suppriment tout risque de fuite et se placent dans une fosse dont on a garni le fond d'une couche de sable.

1. Aménagé comme une petite rivière en contrebas d'un talus empierré, le bassin en longueur, peu profond, est traversé par un petit pont revêtu de pierre, qui se prolonge par quelques marches.
2. Cet espace structuré en différents niveaux est aménagé en iroko et en traverses de chemin de fer. À quelques centimètres sous le niveau d'eau, une grille partiellement recouverte de galets protège les enfants en cas de chute.
3. La géométrie de ces bassins étagés s'accorde à l'esprit d'un jardin sauvage. Briques et bois réunis composent le décor d'entourage.

les animations

Cascades et jets, plantes et poissons font vivre les plans d'eau en offrant un mouvement perpétuel et un bruit d'accompagnement. Ces dispositifs impliquent des équipements. L'eau d'un bassin croupit si elle statique et non filtrée. Aux odeurs s'ajoute une couleur peu appétissante, et les poissons n'en raffolent pas !

Une pompe adaptée. Son rôle est majeur pour oxygéner l'eau en la brassant, la filtrer et alimenter cascade ou rivière. Une pompe fonctionne toujours en circuit fermé. La plupart du temps, un bassin comprend un filtre et un jet d'eau ou une cascade. Pour approvisionner ces dispositifs, le débit de la pompe doit être égal à la somme de leurs débits. Les répartitions s'effectuent entre le filtre et les accessoires par l'intermédiaire de robinets montés en sortie de pompe et prolongés par des tuyaux. Ce système présente un inconvénient : il ne peut être arrêté durant la nuit et les bruits d'eau ne sont pas favorables à un sommeil réparateur. Il est souhaitable d'installer une pompe générale pour la filtration et l'oxygénation, ainsi qu'une autre, indépendante, qui, reliée à jet ou cascade, peut être arrêtée sans incidence sur la qualité de l'eau.

Une filtration constante. Dans la nature, poissons et végétaux parviennent à équilibrer naturellement l'eau. Dans un bassin, cet équilibre est menacé par une mauvaise répartition entre plantes et poissons, sans parler des excès de chaleur ! Il est conseillé d'installer un filtre à ultraviolets avant le filtre intégré à la pompe.

Une vie aquatique. Les plantes oxygénantes profitent aux poissons, mais restent sous l'eau. On les complète par des plantes flottantes décoratives qui jouent un rôle important dans l'équilibre biologique. Leur feuillage, en filtrant les rayons du soleil, évite à l'eau de monter rapidement en température. Les nénuphars appartiennent à la famille des plantes à feuillage flottant. Les racines, en s'accrochant solidement au fond du bassin, évitent à ces plantes mythiques de voyager à la surface.

1. Une configuration complexe pour associer des plans d'eau sur différents niveaux dans le prolongement de la terrasse. Le bassin central est traversé par une passerelle en bois exotique permettant de gagner la berge et son banc en bois qui invite à écouter le murmure de l'eau.

2. Paraissant appartenir depuis toujours au paysage, ce plan d'eau artificiel résulte d'un aménagement parfaitement maîtrisé.

3. Le parti pris d'un petit bassin implanté au cœur des massifs s'inspire des jardins à l'ancienne, courants dans les pays méditerranéens.

créer un plan d'eau

Un bassin de forme libre s'intègre parfaitement à l'environnement. Son contour irrégulier lui confère un caractère naturel. Pour déterminer l'emplacement du bassin, prenez en compte son alimentation en eau et en électricité. Puis, tracez son contour sur la pelouse pour confirmer ses dimensions et sa configuration.

Le terrassement. Une petite pelle mécanique facilite grandement les travaux de terrassement. Louez-en une pour gagner du temps et économiser de l'énergie. Après avoir éliminé la couche de gazon (les plaques servent à compenser les manques disséminés dans le jardin), dégagez la terre au centre du bassin et mettez-la de côté pour finir les berges. La partie la plus profonde du bassin doit être de 70 à 80 cm. À cette profondeur, les poissons ne souffrent pas du froid hivernal et les nénuphars s'enracinent facilement. Autour de cette zone, vous pouvez envisager des paliers reliés par des pentes douces (35 %). En périphérie, une rigole large et profonde d'une vingtaine de centimètres est nécessaire pour stabiliser la bâche et créer une zone plus sécuritaire pour les enfants, qui seront tentés de mettre les pieds dans l'eau. La bordure du bassin doit être mise à niveau et la fosse dépourvue de pierres et de racines apparentes.

La bâche d'étanchéité. Procurez-vous une bâche de dimensions suffisantes pour qu'elle épouse la forme du bassin et le dépasse sur les côtés sur au moins 80 cm (il existe de multiples dimensions standard). Vous devez aussi prévoir un feutre géotextile sur une surface équivalente. Déroulez-le sur le bassin après avoir étendu et tassé un lit de sable ; les lés peuvent se chevaucher. La bâche pèse très lourd. Sa mise en place nécessite de l'aide, pour la déposer au centre et la déployer. Laissez du jeu, de sorte qu'elle se plaque contre la paroi au cours du remplissage, les plis n'apparaîtront pas sous la masse d'eau. Lorsque le bassin est plein, attendez 48 heures avant de poursuivre l'installation.

Le contour du bassin. La bâche épouse le creux de la rigole et la dépasse. Au fond de cette dernière, déposez une bande découpée à dimensions, pour doubler l'épaisseur de la bâche, puis remplissez largement de terre et de cailloux, sachant que le niveau aura diminué après le tassement. Au-delà de la rigole, coupez bâche et géotextile en excès, et bordez de pierres ou de galets selon la finition que vous souhaitez. La bordure intérieure se garnit également de pierres, pour dissimuler le revêtement d'étanchéité.

1. Un bassin dans le jardin est une source de fraîcheur délicieuse et intarissable, si l'installation est menée dans les règles de l'art.
2. Le terrassement doit présenter des pentes douces et une large rigole périphérique. La mise à niveau des berges est indispensable à l'obtention d'un bel aspect final.
3. Étendu en couche de 5 cm d'épaisseur, le sable fin doit être ratissé et tassé pour offrir une surface lisse. Il protège la bâche d'étanchéité des cailloux et des racines.

4

5

6

7

8

9

10

11

12

13

créer un plan d'eau (suite)

Installation des appareils. La pompe s'installe dans la partie la plus profonde de la fosse, directement sur la bâche ou surélevée par quelques briques, solution prudente pour en retarder l'encrassement. Le câble électrique se relie à une borne étanche installée au bord du bassin et dissimulée par des pierres. Le filtre se place également au bord du bassin, à la plus courte distance de la pompe. Selon le modèle, il est enterré ou non et se raccorde à la pompe par un tuyau en PVC armé à raccords collés. Tous les raccords électriques nécessitent un matériel spécifique et étanche. Au tableau de distribution, montez un disjoncteur différentiel à haute sensibilité (30 mA).

Une cascade en plus. La pompe qui fonctionne en circuit fermé peut également alimenter une cascade qui, en se déversant dans le bassin, crée un mouvement d'eau accompagné d'un petit bruit évoquant la fraîcheur. Il suffit de creuser une tranchée pour acheminer le tuyau à partir de la pompe jusqu'à un point surélevé extérieur au bassin. Le parcours de la cascade se terrasse en escalier que l'on tapisse d'une bâche gravillonnée bloquée en bordures par des pierres.

Les plantations. Les plantes oxygénantes se jettent simplement dans le bassin en bouquets lestés, les plantes flottantes se déposent à la surface de l'eau. Procurez-vous les nénuphars et les lotus en contenant individuel (panier en plastique à mailles) que vous déposez délicatement sur le fond. Sur le pourtour du bassin, vous pouvez planter différentes espèces vivaces qui apprécient l'humidité.

4. Le feutre géotextile (ou bitumé) se déroule en épousant la fosse. Les lés se chevauchent en lisières afin d'éviter les infiltrations de sable.
5. Pour étendre la bâche, partir du milieu et la déployer vers les bords du bassin, qu'elle doit largement dépasser. Ne pas chercher à la tendre.
6. Le remplissage progressif stabilise la bâche, qui se plaque d'elle-même contre la paroi du bassin. Les plis n'apparaissent pas au fond.
7. Dans la rigole, une bande coupée consolide la bâche du fond. Ce renfort est précieux, compte tenu des pierres et de la terre qui la recouvrent.
8. Remplie de pierres et de terre, la rigole est également bordée de grosses pierres de chaque côté pour contenir le remplissage.
9. Le filtre UV (Oase) élimine les algues et purifie l'eau. Il s'installe avant le filtre général. Pour les raccordements, on utilise des tuyaux en PVC armé.
10. La pompe doit être immergée au point le plus bas du bassin. Placée sur un socle composé de briques, elle s'encrasse moins vite.
11. Tuyaux et câbles électriques se dissimulent aisément sous les amas de pierres. Lorsque l'eau aura atteint son niveau, bâche et tuyaux auront disparu.
12. La bâche gravillonnée crée un fond clair sur lequel s'écoule une eau limpide. Avec une cascade en paliers, l'eau est mieux oxygénée.
13. Autour des plantations judicieusement réparties, on peut étendre des billes en pouzzolane qui maintiendront les abords du bassin propres et sains.

CLÔTURES ET NATURE

Outre le grillage, les clôtures qui servent à marquer le contour du jardin, s'accordent à l'esprit des lieux en prenant de multiples aspects. Le bois regagne la nature pour s'y fondre, en dressant des limites qui contribuent à mettre le jardin en valeur. S'il est choisi et mis en œuvre correctement, il peut durer longtemps et faire face aux agressions climatiques.

Audacieuse, cette clôture est composée de rondins en pin traité à cœur et décorés dans un dégradé de bleus. Elle se dévoile à travers une végétation grimpante.

un esprit convivial

Les écrans ou brise-vue. Ils se dressent comme des palissades imposantes qui demandent du recul pour être appréciées. On les choisit essentiellement lorsque la proximité des voisins nécessite une véritable rupture. Dressés à certains endroits du jardin, ces panneaux améliorent l'intimité indispensable à la tranquillité des lieux. La diversité des modèles est assez étendue pour satisfaire les goûts de chacun. En bois traité à cœur, ils se fixent sur des poteaux de liaison, en étant légèrement surélevés du sol, pour ne pas souffrir d'un contact permanent avec l'humidité. Au fil des années, la teinte du bois évolue et s'assombrit si aucun traitement n'est effectué. Un écran opaque crée une résistance au vent importante et se fragilise sous les climats capricieux. Dans une région exposée, orientez vos choix vers une solution plus adaptée, par exemple un écran ajouré, un treillis, une haie vive...

Les clôtures naturelles. Leur côté champêtre ajoute du charme au décor du jardin. La clôture basique se réalise avec des lisses en bois qui sont fixées en applique sur des poteaux installés tous les 2 mètres environ. Vous pouvez également envisager de clouer des planches verticales fixées sur des traverses reliant des poteaux. Elles seront brutes de sciage, délignées et rabotées, ou irrégulières en largeur et en hauteur... Le bois sera soit traité avec un produit à base de sulfate de cuivre (bouillie bordelaise), soit traité à cœur par imprégnation. La base des poteaux est enduite de goudron avant d'être scellée dans du béton. Livrées à l'imagination de chacun, ces clôtures naturelles dégagent une certaine poésie. Si possible, on utilise du bois local. Le châtaignier s'y prête particulièrement, aussi le trouve-t-on parfois sous forme de branches entrelacées autour de poteaux créant une fascine.

Les haies vives. Elles dessinent les limites de la propriété et contribuent à l'équilibre du jardin. Servant de refuge à de multiples animaux qui débarrassent la végétation de parasites en tout genre, les haies vives canalisent le vent, retiennent l'humidité du sol et protègent des bruits extérieurs. Outre ces avantages, elles sont décoratives, changent d'aspect au fil des saisons et créent des premiers plans naturels. Le choix des végétaux mérite réflexion.

1. Les rameaux d'osier entrelacés créent une clôture vivante et naturelle, qui se pare de feuilles dès l'apparition du printemps.
2. Dressé en mitoyenneté, ce treillis à maille décorative forme une séparation ajourée que la végétation s'apprête à gagner. Il évite une prise au vent trop grande.
3. Dressées côte à côte, les traverses de chemin de fer traitées au goudron forment une clôture résistante à toute épreuve.

3

l'esprit barrière

À faire soi-même ou à acheter prêtes à poser, les barrières soulignent le contour du jardin sans l'isoler. Liberté des formes, dessin inventif, hauteur sur mesure, finition à la carte... Les barrières, industrielles ou réalisées sur place avec du bois résistant, s'emparent de tous les styles.

Choisir le bois. Par nature, les bois exotiques résistent aux champignons, aux insectes xylophages et à l'humidité. Padouk, ipé, itauba, bilinga sont les plus robustes, mais aussi les plus onéreux. Ils se patinent rapidement et leur durée de vie est élevée. Un résineux, tel le pin rouge de Suède, est recommandé car son aubier et une partie de son cœur peuvent être traités complètement. Sa croissance étant lente, sa structure est stable, d'une haute densité et de caractéristiques mécaniques excellentes. Ces qualités sont dues au climat froid dans lequel il pousse. Un pin issu d'un climat tempéré n'offre pas les mêmes garanties. Évitez le sapin blanc, dont la structure fermée des pores ne permet pas un traitement par imprégnation en profondeur.

Les produits locaux. Nos artisans régionaux inventent des clôtures avec beaucoup d'imagination et de créativité. Ainsi, les lattes de châtaignier tressées ou entrelacées, parfois écorcées et refendues, clouées sur des lisses, ou les fascines constituées de gaulettes refendues, voire de simples rameaux tressés autour de piquets, alors qu'ils sont encore verts. Achetées directement en scierie, les dosses de pin, non délignées, se clouent sur des lisses fixées sur des poteaux. Sur ces barrières improvisées, non traitées, il est vivement conseillé de pulvériser régulièrement de la bouillie bordelaise.

Les rondins usinés. Le plus souvent en pin, on les trouve à bas prix en scierie. Non calibrés, ils contribuent à rendre la clôture vivante. Ils sont traités uniquement en surface. Si ce n'est pas le cas, badigeonnez-les d'insecticide en deux fois. Peignez-les ensuite avec une peinture microporeuse qui laisse le bois respirer. C'est souvent l'occasion d'apporter une touche de couleur dans le jardin. En version industrielle, les rondins seront plus durables traités en autoclave, mais comme ils sont tous semblables, la clôture est figée.

1. Patinées par le temps, les dosses non délignées, fixées sur deux lisses, embellissent en prenant de l'âge. Elles créent des barrières rustiques pleines de charme.

2. Sa teinte verte la noie dans la nature. Réalisée avec du pin traité en autoclave et peinte, on peut l'envisager dans tous les tons. Jardins de Chaumont-sur-Loire.

3. Les lattes de châtaignier, écorcées et refendues, clouées sur des lisses alternent deux hauteurs. Elles forment une barrière romantique valable dans tous les jardins.

4. Un charme poétique émane de cette clôture composée de rondins en pin irréguliers en hauteur et calibre. Ils sont enfoncés dans une semelle en béton. Chelsea.

4

1

écrans élégants

2

3

Les panneaux écrans préservent l'intimité. Occultes, ils contrent les regards indiscrets, ajourés, ils n'entravent pas la vue et évitent les intrusions. Ils autorisent de multiples combinaisons. Leur surface s'anime de planches, lattes, croisillons, caillebotis, jalousies… Les panneaux se placent bout à bout, reliés par des poteaux dont la base est protégée par des supports métalliques à ficher en terre. Tous les accessoires de fixation sont inoxydables.

Des finitions variées. Vous pouvez les protéger par une peinture de même couleur que les volets pour créer un ensemble homogène. Ne lésinez pas sur la qualité de la peinture, obligatoirement microporeuse, à l'eau ou solvantée. L'application préalable d'une sous-couche augmente sa tenue, qui peut durer environ six ans si le travail est bien fait. L'architecture de nos régions se distingue par des gammes de couleurs, tenez-en compte pour inscrire votre clôture dans une harmonie environnante.
Une lasure incolore ou teintée préserve le veinage du bois et protège des intempéries. À choisir « longue durée » ou « très longue durée », pour vous garantir jusqu'à dix ans de tranquillité. Les protections durables coûtent plus cher que les autres, mais elles réduisent les répétitions de remise en état.

Soigner la mise en scène. Différents modèles peuvent être combinés pour animer une décoration au cas par cas. Panneaux pleins en partie basse, treillis au-dessus, ou alternance d'écrans occultants et de treillage… Le bord supérieur, galbé, droit ou à pans coupés, joue également un rôle pour réussir la composition. Attention à la prise au vent ! Ces panneaux n'ont pas leur place dans les régions au climat agité.

1. Le treillage peint dans un bleu soutenu se détache sur un fond en bois naturel. Cette composition graphique et colorée s'inscrit comme un élément décoratif à part entière.
2. Une tendance japonisante pour cette clôture occultante formée de panneaux qui réunissent des lamelles en bois lasuré, taillées en pointe.
3. Ces panneaux se composent de planches posées en alternance de chaque côté de lisses. Elles sont en pin traité en autoclave.

1

2

les haies vives

Dense ou aérée, la haie vive peut former une clôture infranchissable sans donner une impression d'enfermement. Le choix des végétaux s'étudie de près. La prise en compte du climat et de la nature du sol est essentielle pour concevoir une haie végétale. En vous promenant dans les alentours, vous découvrirez aisément les variétés qui s'y prêtent et l'aspect final : dense, haute, basse, touffue, aérée...

Des mélanges cohérents. Il est toujours conseillé d'associer plusieurs espèces pour obtenir un résultat vivant qui s'anime de couleurs changeantes au fil des saisons. Les arbrisseaux à feuillage persistant peuvent se joindre à des espèces caduques judicieusement réparties pour éviter les ouvertures béantes à la saison morte. L'empressement ne doit pas conduire à choisir des végétaux à croissance rapide tels que les thuyas, aucubas et autres sapinettes qui sont d'un intérêt modéré et dégénèrent aussi vite qu'ils poussent sous un gros coup de chaleur et le manque d'air lié à leur densité. Une haie libre, riche d'espèces variées, joue un rôle important dans l'équilibre biologique. La floraison attire les insectes, fruits et baies nourrissent les oiseaux, les rameaux favorisent la nidification et les chants matinaux qui accompagnent les oiseaux visiteurs. Plantez la haie sur deux rangs en quinconce et en respectant un espacement de 1 mètre au moins entre les plantes.

Contre les intrusions. Les barbelés ont du bon pour repousser les visiteurs indélicats. Vous pouvez inscrire une rangée entre deux linéaires de végétaux qui se chargeront de la camoufler. L'aubépine, si romantique et parfumée, crée également des haies impénétrables. Vous pouvez aussi choisir des arbustes à tronc coloré, particulièrement décoratifs en période hivernale. Le cornouiller pousse dans presque toutes les terres, calcaire ou argileuse, humide ou sèche. Les variétés permettent de bénéficier d'un spectacle hivernal somptueux si on les mélange dans une haie. Le plus flamboyant est le cornouiller rouge, dont les rameaux révèlent leur couleur pourpre après la chute des feuilles. Les plus jeunes, d'un rouge corail, se mêlent à ceux des années précédentes qui pâlissent au fil du temps. Le cornouiller à bois jaune voit ses rameaux vert tendre virer au jaune au cours de l'hiver. Encore plus « tonique », le cornouiller orange devient presque fluorescent sous l'effet du froid. De toute évidence, fiez-vous aux recommandations d'un pépiniériste local, il connaît le terrain.

1. Ce mélange de conifères d'espèces variées et de fusains offre une symphonie de couleurs persistantes.
2. Composée de saules tressés, cette clôture infranchissable reste aérée en apparence.
3. Les demi-rondins de bois clôturent le jardin et disparaissent sous des chèvrefeuilles qui s'abandonnent en cascades fleuries et parfumées.

3

les haies d'osier

1

2

Ces clôtures vivantes ont un côté magique. Lorsque les saules dénudés sont tressés en place, ils produisent des brins d'osier qui se couvrent d'un feuillage abondant.

Une plantation réfléchie. Le saule se récolte en automne chez les osiériculteurs, qui le mettent en vente aussitôt. La période de plantation idéale se situe néanmoins entre janvier et février, hors gel. Il pousse dans toutes les terres humides enrichies de compost. Les brins, des rameaux sans racines, demandent de l'eau en abondance durant les deux premières années suivant la plantation. Si les pluies sont rares, effectuez un apport d'eau régulier par un tuyau poreux aligné au pied de la clôture et dissimulé sous un paillage. La fragilité de la clôture exige également un tuteurage. Du fil de fer tendu entre des piquets fait l'affaire. On le laisse en place pendant deux ou trois ans, jusqu'à ce que le développement des racines assure un ancrage suffisant.

Pas chère du tout. On compte environ 25 brins pour 1 mètre linéaire de clôture. C'est beaucoup moins cher que l'achat de pieds multiples d'espèces variées. L'installation requiert le savoir-faire d'un professionnel, généralement le fournisseur, qui saura aussi vous conseiller sur les qualités les mieux adaptées à votre terrain. Si l'on ajoute le coût de son intervention, la clôture reste encore économique.

En différents aspects. L'entretien d'une clôture en osier se limite à la taille des nouvelles pousses, avec sécateur, taille-haie motorisé ou cisaille de jardin. Si l'on recherche une clôture opaque, on raccourcit les premières pousses à plusieurs reprises dès la première année pour favoriser le développement de nouveaux rameaux. Pour une clôture plus dense, les pousses se coupent à une dizaine de centimètres de part et d'autre de la structure. Pour conserver l'apparence du tressage, on élimine les nouvelles pousses au cœur des mailles. Au bout de trois saisons, votre clôture aura pris un aspect de vieux bois et ne produira plus de pousses.

1. Une haie d'osier peut dessiner des courbes, du fait de sa souplesse naturelle. Une fois enracinée, elle est assez solide pour résister aux coups de vent.

2. Une haie de bambous, dense et magistrale, forme un véritable rideau de verdure infranchissable. Les Jardins d'Ombre et Lumière.

3. Sur le tracé de la clôture, vous devrez désherber le terrain et l'ameublir sur 40 cm de profondeur. Le long d'un cordeau, creusez des trous de 30 cm, espacés de 15 à 20 cm, en vous servant d'une barre à mine.

4. Dans chaque trou, enfoncez 4 brins ensemble ou 2 par 2. Ils doivent être maintenus à la base et plantés verticalement pour ne pas être cassés au moment de l'opération.

5. En commençant par le bas, inclinez 2 brins vers la droite et 2 brins vers la gauche. Ils s'entrecroisent à 20 cm de hauteur environ, niveau auquel on les réunit par paires.

6. La fixation des brins entre eux s'effectue à l'aide de brins d'osier plus fins que ceux à planter, pour bénéficier de leur souplesse, qui rend possible les nœuds.

7. Les scions (ou brins) doivent former des losanges de taille régulière pour obtenir un élégant maillage. Le nouage s'effectue au fur et à mesure, l'excès d'osier est coupé net.

8. À l'extrémité de la clôture, un poteau, composé de 5 ou 6 brins torsadés, est planté. Les 4 derniers scions inclinés viennent se fixer dessus, de même que les 4 premiers de la portion suivante.

9. En partie supérieure, les scions rabattus à l'horizontale sont tressés entre eux selon une technique très particulière à cette discipline. Ils créent une bordure de finition esthétique.

10. Tous les brins qui dépassent sont coupés au moyen d'un sécateur ; on conserve une marge de sécurité qui évite à l'ouvrage de se défaire. Aussitôt plantée, la clôture est arrosée.

3

4

5

6

7

8

9

10

CARNET D'ADRESSES I

Sauzet-Gouzy : 534, avenue Kennedy
83140 Six-Fours-Les-Plages 04 94 25 45 45.
Guy Lainé : 21, avenue Lyautey
78170 La-Celle-Saint-Cloud
06 60 62 03 12 - 01 39 18 21 48 - www.guy-laine.fr
Prieuré Notre-Dame d'Orsan : 18170 Maisonnais.
02 48 56 27 50 - www.prieuredorsan.com
T. Vaughan : Pépinière de Kerdalo. 22220 Trédarzec
01 34 84 16 67.
Fabemi : Le Pont-Double 26290 Donzere
04 75 96 50 30 - www.fabemi.fr
S. Gauron : 5, rue de la Martinerie 78610 Perray-en-Yvelines - 01 34 84 16 67
M. Delepiere : 22, cours Voltaire 84160 Cadenet
04 90 68 22 47
Stradal : 47, rue des Genottes 95800 Cergy-Pontoise
01 34 25 55 55 - www.stradal.fr
NORTLAND : 2, rue Carnoy 59130 Lambersart.
0 820 000 520 - www.nortland.com
Ph. Vacheron : 78, rue Lagrua 33260 La Teste-de-Buch
05 56 54 68 80
MTA : 177, avenue Jean-Jaurès, 93300 Aubervilliers
01 48 33 15 98
Novadal Privat : Boulevard de l'Industrie,
85170 Belleville sur Vie
02 51 41 06 00 - www.novadal.com
Carré d'Arc : Le Pont Double, 26290 Donzere
04 75 96 50 30 - www.carredarc.com
Bradstone : 0 825 82 32 23 - www.bradstone.fr
Bironneau Paysage : ZA Fougeral,
47380 Saint Etienne de Fougères.
05 53 70 86 26 - www.bironneau-paysage.com
Hillhout : 92632 Antony 01 42 37 15 07
www.hillout.com
Alphéa, R. Ichkanian : 48, avenue de la République
94300 Vincennes
01 43 98 96 38 - www.alphadesign.com
C. Delaby : 50, Fg Saint-Martin 75010 Paris
01 40 03 06 19.
J. Mus : 16, rue Frédéric-Mistral 06530 Cabris
04 93 60 54 50
S. Meyer : 104, Avenue Thiers 93340 Le Raincy
01 43 02 71 26
Alain Vagh : route d'Entrecasteaux 83690 Salernes
04 94 70 61 85 - www.alainvagh.fr
FR. Piault : La Vétille, Montée des Meuniers
83990 Saint-Tropez - 04 94 97 03 98
M. Emphoux : Quartier Saint Romain, 83690 Salernes
04 94 70 62 83
Orsol : R.N.21 47330 Saint Suentin-du-Dropt
05 53 36 69 89 - www.orsol.fr
P. Guigues : 18, rue du Cepoun-San-Martin
83990 Saint-Tropez - 04 94 97 44 82
Jean Le Cloerec : Le Crouesty 56640 Arzon
02 97 53 90 19
La Cabane Perchée : Alain Laurens
04 90 75 91 40 - www.la-cabane-perchee.com
Les Jardins Aquatiques : Moulin des Vernes, départementale 7, Route de Chatillon-sur-Chalaronne
01140 Saint-Didier-sur-Chalaronne
www.lesjardinsaquatiques.fr
Philippe Burey : Jardins de la Brande, 24380 Fouleix
philippe.burey@wanadoo.fr - 05 53 07 47 85

CRÉDITS PHOTOGRAPHIQUES I

Nous adressons nos remerciements à tous les fabricants et distributeurs, aux architectes et aux créateurs, grâce auxquels nous avons pu illustrer cet ouvrage.

Couverture Jacques Ferrier Architectures. photo SIC/V. Leroux - **4e de couverture** : Bradstone. photo Ph. Louzon - **HD** doc. Orsol - M dessin D. Lechaud - **BG** réalisation Bironneau paysage. photo Y. Robic

p. 4 photo Y. Robic - **p. 6** photo Ph. Louzon - **p. 8** architecte paysagiste G. Lainé. photo P. Bourgoin - **p. 9 HG** photo P. Perdereau - **p. 9 BG** architecte paysagiste G. Lainé. photo L. Le Caër - **p. 10** architecte paysagiste G. Lainé. photo DR - **p. 11** photo Ph. Louzon - **p. 12** photo P. Perdereau - **p. 13 HG** création T. Vaughan. photo P. Perdereau - **p. 13 MG** dessin D. Lechaud - **p. 13 HD** architecte paysagiste G. Lainé. photo A. Schreiner - **p. 13 MD** dessin D. Lechaud - **p. 14 HD** création S. Gauron. photo P. Perdereau - **p. 14 MG** photo A. Schreiner - **p. 14 MD** photo A. Schreiner - **p. 15 HD** création M. Delepiere. photo P. Smith - **p. 15 MD** réalisation Derbez. photo P. Smith - **p. 15 BD** « Baroco » doc. Stradal - **p. 16** photo A. Duarte - **p. 18 HG** architecte paysagiste G. Lainé. photo Ph. Louzon - **p. 18 BG** photo « Les Boisières » doc. Stradal - **p. 19** réalisation Woodmakers. photo P. Eoche - **p. 20** architecte Ph. Vacheron. photo Ph. Louzon - **p. 21** Plancher Nortland. Réalisation MTA. photo A. Duarte - **p. 22 HG** photo doc. Carré d'Arc - **p. 22 HD** photo doc. Novadal Privat - **p. 23** photo Ph. Louzon - **p. 24** réalisation Bironneau Paysage. photos Y. Robic - **p. 25** photo A. Duarte - **p. 26** réalisation Bironneau Paysage. photos Y. Robic - **p. 28 HG** architecte paysagiste G. Lainé. photo A. Petzold - **p. 28 HD** photo « Carostyle » doc. Fabemi - **p. 29** photo Ph. Louzon - **p. 30 HG** photo Y. Robic - **p. 30 HD** photo Ph. Louzon - **p. 31** photos Y. Robic - **p. 32** photos Y. Robic - **p. 33** photo Y. Robic - **p. 34 HD** photo P. Binet - **p. 34 MD** photo A. Duarte - **p. 35** photo P. Perdereau - **p. 36** réalisation Alphéa, R. Ichkanian. photo A. Rety - **p. 37 HG** photo doc. Hillout - **p. 37 HD** photo A. Duarte - **p. 38** architecte paysagiste G. Lainé. photo A. Petzold - **p. 40** photo A. Schreiner - **p. 41 HG** conception J. Mus. photo A. Schreiner - **p. 41 HD** photo P. Perdereau - **p. 42 HG** photo A. Schreiner - **p. 42 HD** architecte paysagiste G. Lainé. photo DR - **p. 43** photo P. Perdereau - **p. 44** photo DR - **p. 46** photos A. Duarte - **p. 47** dessin D. Lechaud - **p. 48 HG** photo A. Schreiner - **p. 48 HD** paysagiste J. Mus. photo A. Schreiner - **p. 49 HG** photo A. Schreiner - **p. 49 B** photos A. Schreiner - **p. 50 HG** architecte C. Delaby. photo Ph. Louzon - **p. 50 MG** dessin D. Lechaud - **p. 50** HD photo A. Schreiner - **p. 50 MD** dessin D. Lechaud - **p. 51 HG** réalisation S. Meyer. photo Ph. Louzon - **p. 51 MG** dessin D. Lechaud - **p. 51** HD photo A. Schreiner - **p. 51 MD** dessin D. Lechaud - **p. 52** photo Y. Robic - **p. 54 HG** photo Y. Robic - **p. 54 MG** réalisation La Grif'Verte. photo J. –Ch. Gesquière - **p. 55** photo Y. Robic - **p. 56** photo O. Hallot - **p. 57 HG** photo Ph. Louzon - **p. 57 HD** carrelage Alain Vagh. Réalisation F. Piault. photo P. Binet - **p. 58** réalisation F. Piault. photo O. Hallot - **p. 59 HD** création M. Emphoux. photo DR - **p. 59 MD** photo DR - **p. 59 BD** architecte G. Poux. photo DR - **p. 60** photos doc. Orsol - **p. 61** photo doc. Orsol - **p. 62 HG** dessin D. Lechaud - **p. 62 B** photos doc. Orsol - **p. 63** photos doc. Orsol - **p. 64** architecte paysagiste G. Lainé. photo Ph. Louzon - **p. 65 HD** conception et réalisation R. Ménétrier. photo D. Faure - **p. 65 BD** architecte d'intérieur P. Guigues. photo O. Hallot - **p. 66** photo P. Binet - **p. 68** photo P. Perdereau - **p. 69 HD** architecte paysagiste G. Lainé. photo DR - **p. 69 BD** architecte J. Le Cloerec. photo Ph. Louzon - **p. 70** réalisation La Cabane Perchée. photo P. Eoche - **p. 71 HG** photo P. Eoche - **p. 71 HD** photo P. Eoche - **p. 72 HG** création H. Peuvergne. photo P. Perdereau - **p. 72 MD** photo P. Perdereau - **p. 73** création H. Peuvergne. photo A. Schreiner - **p. 74** photo A. Schreiner - **p. 75 MG** photo P. Binet - **p. 75 HD** photo C. Larit - **p. 76 MG** photo P. Smith - **p. 76 BG** photo A. Duarte - **p. 76 HD** photo A. Duarte - **p. 77 HD** photo A. Schreiner - **p. 77 MD** architecte paysagiste G. Lainé. photo L. Le Caër - **p. 77 BD** architecte paysagiste G. Lainé. photo DR - **p. 78 HG** architecte paysagiste G. Lainé. photo A. Petzold - **p. 78 MG** conception et réalisation Les Jardins Aquatiques de Thierry Falise. photo DR - **p. 79** conception et réalisation Les Jardins Aquatiques de Thierry Falise. photo DR - **p. 80** architecte paysagiste G. Lainé. photo Ph. Louzon - **p. 81 HG/HD** photos P. Glémas - **p. 82** photos P. Glémas - **p. 84** photo A. Schreiner - **p. 86 HG** photo P. Perdereau - **p. 86 MG** architecte paysagiste G. Lainé. photo Dancourt - **p. 87** architecte paysagiste G. Lainé. photo A. Schreiner - **p. 88 HG** photo P. Perdereau - **p. 88 MG** photo P. Perdereau - **p. 88 HD** réalisation P. Burey. photo DR - **p. 89** photo A. Schreiner - **p. 90** photo A. Schreiner - **p. 91 HG** photo A. Schreiner - **p. 91 HD** photo A. Schreiner - **p. 92 HG** photo A. Schreiner - **p. 92 HD** photo A. Schreiner - **p. 93** photo A. Schreiner - **p. 94 G** photo A. Schreiner - **p. 94 HD** photo A. D. Chaslerie - **p. 95** réalisation J. Rouillé. photos A. Schreiner.

Direction d'édition : Thierry Lamarre - Assistante d'édition : Adeline Lobut - Réalisation et textes : Catherine Levard - Correction - révision : Isabelle Misery - Conception graphique, mise en pages : Either studio - Conception de la couverture : Nicolas Valoteau - Éditions Massin, Publiées par Société d'Information et de Créations - SIC - Une société de Marie Claire Album - 10, bd des Frères-Voisin 92792 Issy-Les-Moulineaux - CEDEX 9 - France - Tél. 01 41 46 88 88 - R.C.S. Nanterre 302 114 509 - SARL au capital de 3 822 000 euros - N° ISBN : 978-2-7072-0642-8 - Imprimé par G. Canale & C., Turin (Italie) - Dépôt légal : 1er trimestre 2010 - www.massin.fr